Jochen Krueger

raivostua 1.1

eXposts

FSC
www.fsc.org
MIX
Papier aus ver-
antwortungsvollen
Quellen
Paper from
responsible sources
FSC® C105338

Bibliografische Information der Deutschen Nationalbibliothek:
Die Deutsche Nationalbibliothek verzeichnet diese Publikation in
der Deutschen Nationalbibliografie; detaillierte bibliografische Daten
sind im Internet über dnb.dnb.de abrufbar.

© 2025 Jochen Krueger

Verlag: BoD · Books on Demand GmbH, Überseering 33,
22297 Hamburg, bod@bod.de
Druck: Libri Plureos GmbH, Friedensallee 273,
22763 Hamburg

ISBN: 978-3-8192-9598-0

Inhalt

VORBEMERKUNGEN

Für alle, die sich fragen, was mit „raivostua" eigentlich gemeint ist: Der Begriff stammt aus dem Finnischen und bedeutet sinngemäß „wütend werden". Ausgesprochen wird es so, wie es geschrieben ist. Die Betonung liegt auf der ersten Silbe.

Es gibt Dinge, Ereignisse, Verhaltensweisen, politische Entscheidungen usw. über die ich mich hin und wieder aufrege. Zur „Frustbewältigung" landeten die Gedanken dazu bisher unregelmäßig bei Twitter, nach dessen Übernahme durch einen gewissen Herrn Musk „X" genannt. Vor dem Hintergrund der Nähe des Inhabers zu einem gewissen Donald T. und der ausufernden Verbreitung von Falschnachrichten – oder vereinfacht: Lügen – und der inhaltlichen Verschiebung nach teilweise sehr weit Rechts, habe ich mich nun endgültig dazu entschlossen, mich von dieser Plattform verabschiedet. Das Leben ist auch ohne X aufregend genug.

Die Version 1.1. ist eine erweiterte Version des zuvor herausgegebenen Bändchens mit 96 Seiten, keine Ergänzungslieferung. Sollte man den Band 1.0 nicht im Regal stehen haben, macht es nur wenig Sinn sich diesen nach dem Durchlesen der Version 1.1. noch zu kaufen, es sei denn, man möchte die ursprünglichen Vorbemerkungen lesen.

Einige der Posts sind – bedingt durch deren Zielgruppe bei X – ursprünglich in Englisch verfasst. Nachträglich ergänzte Übersetzungen sind kursiv abgedruckt.

Anmerkungen und Erläuterungen zu einigen Posts waren erforderlich, da sich an den betreffenden Stellen der Zusammenhang nicht ohne diese erschließen lässt. Ich habe solche ergänzenden Texte eingerückt, damit man sie auch optisch besser von den eigentlichen Kurznachrichten unterscheiden kann.

Einige der hier abgedruckten Kurznachrichten betreffen Parteien, die am 23.02.2025 zur Wahl standen, besonders eine mit einem Parteiprogramm, mit dem man sich besser auseinandersetzen sollte, bevor man in Erwägung zieht, sein Kreuz auf dem Wahlzettel an der dafür vorgesehenen Stelle zu hinterlassen. Dies gilt für zukünftige Wahlen egal auf welcher Ebene. Die jeweiligen Parteiprogramme sind online in der Regel frei zugänglich. Links dazu in den Quellenangaben ändern sich u.U. mit der Zeit. Es könnte also sein, dass sie nicht mehr funktionieren. Mich würde es jedenfalls freuen, wenn sich der ein oder andere Leser meines Machwerks die Mühe machen würde, sich im Internet umfassend zu informieren … und so manchmal auch zu wundern … oder auch aufzuregen … und auch wütend zu werden.

Das Buch, das sie in diesem Augenblick in Händen halten, versteht sich nicht als Sach- oder Fachbuch. Sie finden darin nur eine Ansammlung meiner Gedanken, Ideen und subjektiven Meinungen, Momentaufnahmen die sich auf die vorgegebene Zeichenzahl von 280 beschränken mussten, was nicht immer ganz einfach war. Gut, mit einem Abonnement hätte sich die Zeichenzahl deutlich erhöhen lassen. aber Abos, besonders dann, wenn ich einen Dienst, für den ich dann bezahlen müsste, zu unregelmäßig nutze, mag ich nicht, und den reichsten Mann der Welt noch reicher zu machen widerstrebt mir. Es kann also sein, dass einige meiner Anmerkungen zu einem vormals aktuellen Ereignis etwas plakativ und überzogen wirken.

Manchmal hatte ich Texte über digitale Umwege in Bilder umgewandelt und angehängt. Eine etwas lästige Prozedur, die daher nicht oft zur Anwendung kam. Hier im Buch erscheinen sie – wenn überhaupt - als normale Texte.

Jedenfalls stelle ich hiermit meine bisherigen Posts nun wirklich endgültig von digital auf analog um. Möge Elon Musk mit seinem persönlichen „Werbekanal" und all den dort veröffentlichten Lügen und Hassposts glücklich werden … oder irgendwann doch vor eine rechtliche Wand laufen und von der Bildfläche verschwinden

Zum Schluss: Ja, es werden sich Fehler jedweder Form in diesem Buch finden lassen. Bitte seien sie nicht zu kritisch, denn der Zeitrahmen, der mir für diese erweiterte Ausgabe blieb, war sehr knapp. Mein Geld generiere ich immer noch - und wohl auch weiterhin - auf einem anderen Wege.

DEUTSCHLAND

Das erste Kapitel beschäftigt sich mit Deutschland, denn hier wohne und arbeite ich, bekomme dadurch eben auch die meisten Neuigkeiten mit, über deren Inhalt sich manchmal gut streiten lässt.

Was sich im Laufe der letzten Jahre in der Parteienlandschaft getan hat, ist schon beängstigend. Dass es mit der FDP eine Partei gibt, die es mit ihren wenig mehrheitsfähigen Vorstellungen immer wieder in Regierungen schafft, um dort Zünglein an der Waage zu spielen, ist nicht neu. Die Köpfe an der Spitze machen aber den Unterschied. Dass man Bündnis 90/Die Grünen immer noch als eine Partei von Chaoten in eine Ecke zu stellen versucht, ist ebenso wenig neu, wie die Linken auch nach 35 Jahren immer noch mit einer DDR-Blockpartei in Verbindung zu bringen.

Neu sind allerdings die Tendenzen, die der AfD eine Präsenz in den Medien und politischen Gremien verschaffen, und die sie trotz ihrer inhaltlichen Nähe zu den Vorgängen vor gut 90 Jahren bei Wählern und Wählerinnen, besonders zuletzt auch bei jungen, zu solch hohen Zustimmungswerten gelangen lässt.

Neu ist auch, dass ein Bündnis um eine Frau herum entstanden ist, die – außer teilweise bedenklicher Aussagen in diversen Medien – noch nichts Produktives zustande gebracht, dafür aber schon ganze Parteien auf dem Gewissen hat.

... dann haben sich die egoistischen Dickköpfe bei der Nicht-Regierungsbildung durchgesetzt. Zum Wohle des Volks war diese Aktion bestimmt nicht. Hoffentlich erinnern sich die Wähler ...

2:32 nachm. · 20. Nov. 2017

>Jamaika-Sondierungsgespräche nach der Bundestagswahl 2017

Wenn sich Politiker als "Architekten" von irgendetwas bezeichnen, sollten sie auch die Haftung für ihre Handlungen übernehmen ... wie richtige Architekten.
11:13 vorm. · 22. Nov. 2017

Laut SZ *(Siegener Zeitung)* soll der #Kanzleramtsanbau mit 400 Büros mindestens 460 Mio. € kosten. Laut BKI lägen die Baukosten bei einem gehobenen Standard über den Daumen bei 71 Mio. €. Danach würden 389 Mio. € Steuergelder sinnlos versenkt. Herzlichen Dank!
1:57 nachm. · 28. Jan. 2019

Wenn unsere Politiker weiter Steuergelder für völlig überteuerte und sinnlose Projekte zum Fenster hinauswerfen (z.B. Erweiterung des Kanzleramts und Regierungsterminal), braucht sich niemand zu wundern, dass Wähler in eine "falsche Richtung" abwandern. #bescheidenistbesser
9:34 vorm. · 18. März 2019

Einsparungspotentiale bei MdBs: Zahlung von Rentenbeiträgen nur für die Zeiten im Bundestag in Höhe der Obergrenze für gesetzliche Beiträge; volle Anrechnung von Einkünften bei der Berechnung von Übergangsgeldern. Warum immer nur bei ALG II abziehen?
9:14 vorm. · 25. März 2019

Wenn die Steuerzahler für die Kosten von Fachbehörden aufkommen müssen, dann sollten Politiker, denen diese Fachkompetenz nicht ausreicht, die aus ihrer Sicht erforderlichen Berater gefälligst aus eigener Tasche bezahlen.
10:28 vorm. · 17. Juli 2019

Hier ging es um horrende Summen, die von Ministerien für externe Berater ausgegeben wurden. Der Zustand hat sich leider nicht verändert, wie ich noch am 30.11.2024 im Radio hören konnte. Warum werden Fachbehörden nicht so besetzt, dass man auf Externe verzichten kann? Wenn die Minister ihren eigenen

Mitarbeitern nicht die notwendige Fachkompetenz zutrauen, scheint es die ein oder andere Fehlbesetzung im Verwaltungsapparat zu geben.

In Deutschland werden ja nur 2% des gesamten CO_2 in die Luft geblasen. Wollten wir pro Kopf genauso "dreckig" sein, wie Chinesen, dann müssten wir den Ausstoß auf 1,72% verringern. "Lustig" - oder? Wenn die USA das versuchen wollten, müssten sie von 13,9% auf 7,01% runter.
4:39 nachm. · 13. Dez. 2019

Der Klimawandel lässt sich doch ganz einfach durch einen nuklearen Winter kompensieren ... ich hoffe jedenfalls nicht, dass das die Idee ist, die hinter dem Handeln eines gewissen Präsidenten steckt.
9:46 vorm. · 7. Jan. 2020

Ist es nicht irgendwie komisch, dass ausgerechnet durch ein Attentat auf einen führenden russischen Oppositionellen ein Wunsch von Trump und einigen anderen US-Politikern in Erfüllung zu gehen scheint, nämlich das Ende von Nord Stream 2?
9:43 vorm. · 10. Sep. 2020

> Der Gift-Anschlag auf Alexej Nawalny wurde in Verbindung mit der Gas-Pipeline Nord Stream 2 gebracht.

Muss man sich wundern, dass die @coronawarnapp nicht so häufig genutzt wird? Eigentlich nicht, denn sie ist nur für aktuelle Betriebssysteme entwickelt worden, und viele Menschen nutzen ihr altes Smartphone mit älterem Betriebssystem, bis es nicht mehr funktioniert.
9:06 vorm. · 11. Dez. 2020

> Die Warn-App lief nur auf Smartphones ab einem bestimmten Betriebssystem, angeblich, weil eine dafür genutzte Bluetooth-Funktion bei älteren Betriebssystemen nicht zur Verfügung stand. Wenn

man schon für viel Geld eine App entwickeln lässt, damit umfassend gewarnt werden kann, müssten eigentlich zwingend Technologien genutzt werden, die es erlauben, möglichst alle Nutzer von Mobiltelefonen bzw. Smartphones entsprechend zu versorgen. Hier rächte sich (wieder), dass die Entwickler bei ihrer Arbeit offensichtlich nicht an ältere Geräte gedacht hatten, weil sie selbst solch alte Modelle nicht mehr nutzen und so ihren Beitrag zu immer mehr Elektroschrott leisten.

n-tv.de: "Das ist die geduldete Entgleisung jeglicher Moral, der Abgesang auf alles, was gutes Trash-TV je ausmachte." #Trash-TV heißt wörtlich übersetzt Müll-Fernsehen. Was hat Müll mit "Moral" und "gut" zu tun? Gibt es etwa guten Hausmüll oder guten Sondermüll?
8:49 vorm. · 14. Apr. 2021

Geheime Wahlen funktionieren anders, Herr Laschet! Ich habe schon oft genug Sonntage im Wahllokal verbracht und auch Wähler darauf hinweisen müssen, dass sie z.B. nicht zu Mehreren in eine Wahlkabine durften. Eine so plumpe Wahlwerbung im Wahllokal habe ich noch nicht erlebt.
4:11 nachm. · 26. Sep. 2021

Armin Laschet hat sich bei der Stimmabgabe zur Bundestagswahl an der Wahlurne filmen lassen. Sein Wahlschein war dabei so gefaltet, dass deutlich erkennbar war, an welcher Stelle er sein Kreuz gemacht hatte.

Ein kleiner Hinweis and die FDP: Nicht immer vor laufenden Kameras erklären, dass die SPD sich daran erinnern solle, dass sie von über 70% der Wähler nicht gewählt worden sei. Besser erst mal an die eigene Nase fassen, denn die FDP wurde von 88,5 % der Wähler nicht gewählt!
9:02 vorm. · 27. Sep. 2021

Jemand, der sich offensichtlich bewusst nicht an die einfachsten Regeln bei der Stimmabgabe hält, sollte kein hohes politisches Amt bekleiden dürfen.

9:04 vorm. · 27. Sep. 2021

Wenn Schnelltests demnächst bezahlt werden müssen, treibt man Menschen, die in Krankenhäusern liegen müssen und Bewohner von Pflegeheimen noch weiter in die Isolation. Wer kann sich dann noch einen Besuch leisten? Daran sollten unsere Entscheidungsträger auch denken!

10:04 nachm. · 21. Juni 2022

Der Beschluss pro kostenpflichtige Schnelltests auch für Besuche in Krankenhäusern und Pflegeheimen lässt sich mit dem ICD-3 Schlüssel 314 schön kurz beschreiben:

„Oligophrenie (310-315)

310	*Grenzbereich der Intelligenz*
311	*Leichter Schwachsinn*
312	*Mäßiger Schwachsinn*
313	*Schwerer Schwachsinn*
314	*Hochgradiger Schwachsinn*
315	*Nicht näher bezeichneter Schwachsinn"*

10:00 vorm. · 29. Juni 2022

Kein Gewerbebetrieb dürfte ohne gesicherte Entsorgung arbeiten. Bei Atomkraftwerken schaut man darüber hinweg. Glaubt man ernsthaft, dass man ein Tausende Jahre stabiles Lager findet? Beton mit einer unverstrahlten Nutzungsdauer von 80-100 Jahren soll sicher sein? Wohl kaum!

8:50 vorm. · 28. Juli 2022

Und immer wieder ploppt die Diskussion um Atomkraftwerke auf. Allein das Fehlen eines Endlagers müsste, wenn man alle Gewerbebetriebe gleich behandeln wollte, als logische Konsequenz dazu führen, dass solche Stromerzeuger nicht in Betrieb gehen dürften. Aber hier zeigt sich wieder der „Fehler" in der Evolution des menschlichen Gehirns.

Konsequenzen, die für eine lange Zeit und eine ferne Zukunft relevant sein könnten, werden kurzfristigen Überlegungen geopfert.

Wenn bei dem Neubau des Kanzleramts für jeden Arbeitsplatz mehr als 1 Mio. € ausgegeben werden sollen, dann ist das schon etwas überzogen. ... sehr überzogen!
1:43 nachm. · 9. Sep. 2022

Eigentlich müssten Hersteller von Feuerwerkskörpern eine Haftpflichtversicherung für Personen-, Sach- und Umweltschäden vorweisen, bevor ihre Produkte verkauft werden dürfen. Es ist eine Zumutung, dass die Kosten, die Raketenmüll verursacht, an den Betroffenen hängen bleiben
9:14 vorm. · 4. Jan. 2023

Bei meinem alljährlichen Spaziergang über das Grundstück meiner Mutter, der dem Einsammeln von Jahreswechselmüll dient, hatte ich einige „schwere Geschütze", also Raketenreste mir recht schweren Holzstöcken gefunden, die, wenn sie auf Menschen oder Sachen treffen, u.U. zu Verletzungen und Schäden führen könnten. Einkleineres Modell hatte in einem vorangegangenen Jahr mein Auto getroffen und eine große Delle hinterlassen. Die Reparatur kostete damals etwa 1.500,-€.

Wirft man Kunststoff-, Holz und Pappreste einfach so in die Gegend, dann ist das illegale Müllentsorgung und mindestens eine Ordnungswidrigkeit. Beim gestreuten Müll von Feuerwerkskörpern scheint das aber keine Rolle zu spielen. Ich wäre auch hier für Gleichberechtigung
9:17 vorm. · 4. Jan. 2023

Ich habe dem Finanzministerium mal vorgeschlagen, die Tierarztkosten für ehemalige Tierheimtiere steuerlich abzugsfähig zu machen. Vielleicht würden sich dann mehr

Leute dafür entscheiden, solchen Tieren ein neues zu Hause zu geben.

8:06 vorm. · 26. Jan. 2023

Am 03.01.2024 hatte ich eine Petition beim Petitionsausschuss des Deutschen Bundestages eingereicht. Meine Begründung war diese:

Vor dem Hintergrund gestiegener Tierarztkosten und zur Entlastung von Tierheimen wäre es wünschenswert, wenn die Kosten für tierärztliche Behandlungen für Tiere, die nachweislich von einem Tierheim übernommen wurden (Übernahmevertrag o.ä.), sowie die Kosten für notwendige Medikamente und Krankenversicherungen steuerlich abzugsfähig würden. Damit könnte ein Anreiz geschaffen werden, Haustieren, die in einem Tierheim untergebracht sind, ein neues Zuhause zu bieten, statt Jungtiere bei einem Züchter zu kaufen oder aus zwielichtigen Quellen zu beziehen. Insbesondere die Vermittlung älterer und/oder chronisch kranker Tiere könnte so deutlich erleichtert werden. Mit einer Entlastung der häufig überfüllten Tierheime würde gleichzeitig eine Reduzierung öffentlicher Ausgaben für solche Einrichtungen erreicht.

Eine abschließende Entscheidung dazu lag mir zum Zeitpunkt der Veröffentlichung dieses Buchs noch nicht vor. Nach dem Ende der Ampelkoalition rechne ich auch nicht mehr mit einem entsprechenden Bescheid.

Unsere lieben Politiktreibenden der Generation Smartphone im Lande und der EU sollten, bevor sie versuchen ältere Menschen weiter ins Abseits zu stellen, immer daran denken, dass sie selbst auch bald - und das schneller, als Ihnen lieb sein wird - zu dieser "Randgruppe" zählen.

10:36 vorm. · 11. März 2023

Bei Maischberger erwähnte @jensspahn u.a. Geothermie als Alternative zur Wärmepumpe. Nur: Für die Nutzung von Erdwärme braucht man i.d.R. eine Wärmepumpe.

Tiefbohrungen machen es noch teurer, man benötigt eine wasserrechtliche Genehmigung und klaut u.U. dem Nachbarn die Wärme.

3:51 nachm. · 18. Mai 2023

Folgt man der Berichterstattung in den Medien seit etwa Oktober 2024, dann scheint sich an Jens Spahns gestörtem Verhältnis zu Wärmepumpen nicht viel geändert zu haben.

Wenn der DFB bei der Vergabe der Trikots mal sozial verantwortlich hätte handeln wollen, hätte er Blindenwerkstätten mit deren Herstellung beauftragen und sich auf die Einnahmen aus der Werbung darauf beschränken können. Aber das $ Zeichen in den Augen verhindert Solches.

11:00 vorm. · 23. März 2024

Der DFB hat den Trikotsponsor gewechselt, von einer deutschen Firma, deren Einrichtungen die Nationalmannschaft immer wieder gerne nutzte, hin zu einer US-Amerikanischen … des Geldes wegen.

Wie wäre es, wenn in Bebauungsplänen für Gewerbegebiete die Fläche pro Arbeitsplatz begrenzt würde? Lagerhallen und Logistikzentren fressen Fläche und schaffen praktisch keine Arbeitsplätze.

2:21 nachm. · 1. Mai 2024

Eine Zwischendurch-Anmerkung, die sich gegen den enormen Flächenverbrauch durch immer neue Logistikzentren wendet.

Das Ergebnis der Europawahl in meinem Heimatort: 24.5 % CDU und 22.6 % AfD, wobei der blaue Balken sehr bedenklich stimmt ... und das ist nicht im Osten der Republik, sondern im Osten von Rheinland-Pfalz. Vielleicht sollte ich besser "auswandern".

2:39 nachm. · 10. Juni 2024

Kommunalwahlen in Rheinland-Pfalz

Schon daran gedacht, dass jede Stimme für die AfD für Putin einen weiteren Grund liefert, auch Deutschland entnazifizieren zu "müssen"? Wenn er hier Parteien unterstützt, dann tut er es vor dem Hintergrund seines Großmachtwahns, und nicht, um einem anderen Land zu helfen.

7:41 vorm. · 11. Juni 2024

Sollte nicht eigentlich der Lebensmittelpunkt eines/einer Abgeordneten in dem Land sein, in dem er/sie im Parlament sitzt? Hängt die Definition des Lebensmittelpunkts nicht auch mit Wohnort der Familie zusammen? Wenn die z.B. in der Schweiz lebt ...

8:20 vorm. · 11. Juni 2024

> Eine kurze Erinnerung daran, dass die Kanzlerkandidatin Alice Elisabeth Weidel (AfD) u.a. einen Wohnsitz in der Schweiz hat.

Korruption funktioniert doch so: Partei 1 verspricht Partei 2 Vorteile, wenn Partei 2 eine Entscheidung im Sinne der Partei 1 trifft oder zumindest entsprechend zu beeinflussen versucht. Beispiele: Geld aus Russland => Opferumkehr, Geld der Autoindustrie => kein Tempolimit usw.

8:18 vorm. · 12. Juni 2024

Was die FDP wohl nie verstehen wird: Die Automobilindustrie muss sich (endlich) der Umwelt (natürlich und gebaut) und den Fähigkeiten der Menschen anpassen, nicht umgekehrt. Genial wäre die Firma, die es schafft. Losgelöst von Randbedingungen kann jeder Depp Dinge entwerfen.

9:30 vorm. · 13. Aug. 2024

... und jetzt möchte die FDP anscheinend die Stadtentwicklungen um etwa 60 Jahre zurückwerfen.

9:31 vorm. · 13. Aug. 2024

> Eine Idee der FDP ging durch die Medien: Städte autogerechter gestalten, also mehr und breitere Straßen und mehr Parkplätze, im Prinzip eine

Planungsidee, die aus dem letzten Jahrhundert des vergangenen Jahrtausends stammt.

Der ideale Mensch im Sinne der FDP scheint derjenige zu sein, der sich mit einem Smartphone vor der Nase ohne jede Einschränkung und ohne jede Rücksicht von seinem Auto an jeden beliebigen Ort bewegen lässt. Bloß nicht selbst bewegen und bloß nicht selbst denken.
9:35 vorm. · 13. Aug. 2024

Man könnte fast meinen, dass sich die FDP aus wahltaktischen Gründen in Richtung Putin bewegt. Um das drohende Aus in einigen Bundesländern zu vermeiden, blockiert man dann auch mal die Unterstützung der Ukraine. Krieg interessiert sich aber nicht für ausgeglichene Haushalte.
8:25 vorm. · 19. Aug. 2024

> Im Osten der Republik fanden 2024 mehrere Landtagswahlen statt, deren Ergebnisse besonders auch für die FDP weniger positiv ausfielen. Es genügte schließlich doch nicht, auf den von BSW und AfD gestarteten „Friedenszug" aufzuspringen, bei dem es sich - realistisch betrachtet - mehr um einen „Unterwerfungszug" zu handeln scheint.

Personen mit solchen Symptomen sollte man nie in eine politische Führungsposition kommen lassen:
„Narzisstische Persönlichkeitsstörung

Diagnostische Kriterien   *F60.81*
Ein tiefgreifendes Muster von Großartigkeit (in Fantasie oder Verhalten), Bedürfnis nach Bewunderung und Mangel an Empathie. Der Beginn liegt im frühen Erwachsenenalter, und das Muster zeigt sich in verschiedenen Situationen: Mindestens 5 der folgenden Kriterien müssen erfüllt sein:

1. *Hat ein grandioses Gefühl der eigenen Wichtigkeit (z.B. übertreibt die eigenen Leistungen und Talente, erwartet, ohne entsprechende Leistungen als überlegen anerkannt zu werden).*

2. Ist stark eingenommen von Fantasien grenzenlosen Erfolgs, Macht, Glanz, Schönheit oder idealer Liebe.

3. Glaubt von sich, „besonders" und einzigartig zu sein und nur von anderen besonderen oder angesehenen Personen (oder Institutionen) verstanden zu werden oder nur mit diesen verkehren zu können.

4. Verlangt nach übermäßiger Bewunderung.

5. Legt ein Anspruchsdenken an den Tag (d.h. übertriebene Erwartungen an eine besonders bevorzugte Behandlung oder automatisches Eingehen auf die eigenen Erwartungen).

6. Ist in zwischenmenschlichen Beziehungen ausbeuterisch (d.h. zieht Nutzen aus anderen, um eigene Ziele zu erreichen).

7. Zeigt einen Mangel an Empathie: Ist nicht willens, die Gefühle und Bedürfnisse anderer zu erkennen oder sich mit ihnen zu identifizieren.

8. Ist häufig neidisch auf andere oder glaubt, andere seien neidisch auf ihn/sie.

9. Zeigt arrogante, überhebliche Verhaltensweisen oder Haltungen."

10:58 vorm. · 1. Sep. 2024

Wenn jemand den eigenen Namen in eine Parteibezeichnung setzt, wohl um sich ein politisches Denkmal setzen, lässt das tief blicken und wenig Empathie vermuten. Politische Arbeit scheint dann mehr zur Selbstverwirklichung zu verkommen, statt dem Wohl der Allgemeinheit zu dienen.

11:24 vorm. · 1. Sep. 2024

> BSW (Bündnis Sahra Wagenknecht), eine personenorientierte politische Bewegung, deren weitere Entwicklung man genau im Auge behalten sollte.

Für mich sind Parteien nicht wählbar, die ein Land einem Ost-Diktator opfern wollen und es dann noch als Friedensmission verkauft. Aber wer von gewissen Geldflüssen profitiert, passt eben auch sein Reden und Handeln entsprechend an.

11:36 vorm. · 1. Sep. 2024

Einfach mal lesen und nachdenken, wieviel Zivilcourage man selbst hätte:

Im Moment wird an manchen Stellen - auch öffentlich - heftig darüber diskutiert, ob alle NSDAP Mitglieder Nazis gewesen seien. Aus der heutigen Sicht eines demokratischen Staates kann man das so sehen. Man könnte aber auch eine differenziertere Herangehensweise wählen, in dem man 2 „Zeitzonen" berücksichtigt, und zwar eine vor der Machtergreifung und eine danach.

Bei den Menschen, die sich vor der Machtergreifung als Mitglieder eingeschrieben haben, kann und muss man davon ausgehen, dass es sich um überzeugte Nazis gehandelt hat, die voll hinter der Ideologie dieser fehlgeleiteten Partei standen und diese auch offensiv vertreten haben.

Bei den Menschen, die nach der Machtergreifung Mitglieder wurden, sollte man vielleicht etwas vorsichtiger sein, denn ab diesem Zeitpunkt spielten wahrscheinlich Gruppenzwang und Angst vor Repressalien eine nicht zu unterschätzende Rolle. Es wird immer noch Menschen gegeben haben, die von der verquerten Naziideologie völlig überzeugt waren und deshalb Mitglieder wurden. Es wird Mitläufer gegeben haben, die zweifelhaften Vorbildern aus dem direkten Umfeld kritiklos nachgelaufen sind, um nicht isoliert und an den Pranger gestellt zu werden. Es wird aber auch solche gegeben haben, die mit ziemlichen Bauchschmerzen den Mitgliedsantrag unterschrieben haben, um sich selbst und ihre Familien zu schützen. Einige davon werden später auf tragische Weise gemerkt haben, dass dieser Schritt nicht den gewünschten Effekt hatte, besonders dann nicht, wenn der Stammbaum nicht den Vorgaben der Partei entsprach.

In jedem diktatorischen Staat wird es Menschen geben, die Mitglieder der Partei des Despoten sind, um nicht aufzufallen, um nicht drangsaliert zu werden, manchmal auch, um einfach nur zu überleben.

Ich gehe mal davon aus, dass die SED-Mitglieder auch nicht alle treue „Parteisoldaten" waren, sondern dass es für Einige nur ein Mittel zum Zweck war, ein nicht mit voller Überzeugung getaner Schritt, sondern vielmehr ein Baustein einer Überlebensstrategie.

Jeder sollte sich fragen, wieviel Leid er oder sie zu tragen bereit ist, wenn es in einer Diktatur ums persönliche Überleben geht. Nicht jeder ist so standfest, u.U. sein Leben für eine freie Gesellschaft zu opfern.

Was ich als kritisch bzgl. der AfD ansehe: Wir befinden uns (noch) in einer Zeit vor deren „Machtergreifung", also in einer Zeit, in der davon auszugehen ist, dass nur überzeugte Leute zu Parteimitgliedern werden. **Lässt man sie gewähren und unterstützt sie bei freien Wahlen mit den zur Verfügung stehenden Stimmen, dann sind wir hier in Deutschland sehr schnell (wieder) in der Situation wie nach 1933, dann ist die im Moment existierende Demokratie tatsächlich in Gefahr, dann greift der Rassismus noch weiter um sich, dann ist es vorbei mit einer freien Meinungsäußerung.**

Der Mensch ist leider nicht in der Lage besonders langfristig zu denken, und so kommt es, dass er allzu oft die Spätfolgen seines Tuns nicht überblickt. Sei es beim Klimaschutz, bei der Atomenergie ... oder eben bei der Stimmabgabe im Wahllokal. Was kurzfristig als Protestwahl gedacht war, kann sich langfristig zur gesellschaftlichen Katastrophe entwickeln ... eben wie vor knapp 100 Jahren. Daher: NIE Nazis und

erwiesene Rechtsextreme wählen, auch wenn deren politische Aushängeschilder noch so viel Kreide gefressen haben.
12:23 nachm. · 5. Sep. 2024

Betrachtet man das von Frau Weidel privat gelebte Familienmodell, so erscheint es doch sehr konträr zu dem von ihrer Partei propagierten (s. AfD Wahlprogramme). Drastisch und überspitzt formuliert: Sie als Co-Vorsitzende der AfD ist so, als wäre der Papst ein Moslem.
9:16 vorm. · 7. Sep. 2024

Vielleicht sollten sich insbesondere junge Wähler mal mit dem Grundsatzprogramm der AfD auseinandersetzen (s.u. zum Thema Familie) und sehen, ob es zu ihrer Zukunftsplanung passt, bevor sie ihr ihre Stimme geben.

„…

6.1 Bekenntnis zur traditionellen Familie als Leitbild

Die Wertschätzung für die traditionelle Familie geht in Deutschland zunehmend verloren. Den Bedürfnissen der Kinder und Eltern gerecht zu werden, muss wieder Mittelpunkt der Familienpolitik werden.

Die zunehmende Übernahme der Erziehungsaufgabe durch staatliche Institutionen wie Krippen und Ganztagsschulen, die Umsetzung des „Gender-Mainstreaming"-Projekts und die generelle Betonung der Individualität untergraben die Familie als wertegebende gesellschaftliche Grundeinheit. Die Wirtschaft will Frauen als Arbeitskraft. Ein falsch verstandener Feminismus schätzt einseitig Frauen im Erwerbsleben, nicht aber Frauen, die „nur" Mutter und Hausfrau sind. Diese erfahren häufig geringere Anerkennung und werden finanziell benachteiligt.

Die Alternative für Deutschland bekennt sich zur traditionellen Familie als Leitbild. Ehe und Familie stehen unter dem besonderen Schutz des Grundgesetzes. In der Familie sorgen Mutter und Vater in dauerhafter gemeinsamer Verantwortung für ihre Kinder. Die originären Bedürfnisse der Kinder, die Zeit und Zuwendung ihrer Eltern brauchen, stehen dabei im Mittelpunkt.

Es sollte wieder erstrebenswert sein, eine Ehe einzugehen, Kinder zu erziehen und möglichst viel Zeit mit diesen zu verbringen. Die AfD möchte eine gesellschaftliche Wertediskussion zur Stärkung der Elternrolle und gegen die vom „Gender-Mainstreaming" propagierte Stigmatisierung traditioneller Geschlechterrollen anstoßen. Kinder sind kein karrierehemmender Ballast, sondern unsere Zukunft. Wenn ein Elternteil die Erziehungsleistung allein tragen muss, bedarf es besonderer Unterstützung.

6.2 Mehr Kinder statt Masseneinwanderung

Den demografischen Fehlentwicklungen in Deutschland muss entgegengewirkt werden. Die volkswirtschaftlich nicht tragfähige und konfliktträchtige Masseneinwanderung ist dafür kein geeignetes Mittel. Vielmehr muss mittels einer aktivierenden Familienpolitik eine höhere Geburtenrate der einheimischen Bevölkerung als mittel- und langfristig einzig tragfähige Lösung erreicht werden.
… "

Aus:
„Programm für Deutschland.
Das Grundsatzprogramm der Alternative für Deutschland
…
Beschlossen auf dem Bundesparteitag
in Stuttgart am 30.04./01.05.2016"
10:10 vorm. · 7. Sep. 2024

Im Programm zur Landtagswahl in Brandenburg 2024 findet man finanzielle Förderungswünsche der AfD, die man schon fast als „Wurfprämie" bezeichnen kann:

„Wir wollen Familien mit unterdurchschnittlichem Einkommen finanziell entlasten und Mut zu Kindern machen. Daher werden wir schrittweise ein Familiengeld in angemessener Höhe einführen, um so Eltern die Möglichkeit zu geben, frei von finanziellen Zwängen zwischen Berufstätigkeit und Erwerbspause zu entscheiden.

Zudem wird es mit uns weitere konkrete Fördermaßnahmen, wie die Einführung zinsfreier Familiendarlehen in Höhe von 25.000 Euro mit Teilerlass für jedes Kind sowie einem Kompletterlass ab dem dritten Kind, geben. In der DDR wurde diese Form der Familienförderung sehr erfolgreich betrieben. Die mit der Tilgung des Familiendarlehens verbundenen Risiken wollen wir mittels familienfreundlicher Rückzahlungsmodalitäten senken."

Bei einer weiteren Idee geht es noch um *„die vollständige steuerliche Absetzbarkeit von kinderbezogenen Ausgaben"*. Die Kosten für Kinder würden so komplett verstaatlicht. Woher das Geld zur Umsetzung kommen soll, bleibt offen. In gewisser Weise versucht die AfD so, Frauen wieder zu Hausfrauen zu degradieren. Das war's dann mit der Gleichberechtigung.

Frauen im gebärfähigen Alter sollten sich wirklich sehr gut überlegen, ob sie ihr Kreuz bei der AfD machen sollten, denn diese Partei will laut Programm durch eine Erhöhung der Geburtenzahlen deutscher Kinder den demografischen Wandel ausbremsen und Migration verhindern.
12:48 nachm. · 8. Sep. 2024

Mit dem kurzfristigen Denken der meisten Politiker von Wahl zu Wahl lassen sich die Probleme der heutigen Zeit nicht lösen, sondern nur deren Auswirkungen verschlimmern.
12:52 nachm. · 8. Sep. 2024

Wie definiert die AfD eigentlich "einheimische Bevölkerung"? Zählen dazu alle mit deutschem Pass, oder nur solche ohne Migrationshintergrund? Mit letzterem wären wir dann wieder bei dem Rassenwahn der NSDAP. Nach wie vielen Generationen gehört man zur einheimischen Bevölkerung?
9:11 vorm. · 10. Sep. 2024

Wie wäre es denn, wenn man Frau Weidel an der Grenze bei der Einreise von der Schweiz nach Deutschland zurückweisen würde?
10:39 vorm. · 10. Sep. 2024

... und wenn Frau Weidel mit ihren Hetzreden genügend Chaos in Deutschland angerichtet hat, dann geht sie entspannt nach Hause in die Schweiz zu ihrer Frau und schaut sich genüsslich aus der Ferne ihr Werk an.
10:02 vorm. · 11. Sep. 2024

Es ist schon schlimm genug, wenn Alte Naive die AfD wählen. Dass sich aber junge Menschen mit ihrer Stimme für eine Denkweise aus dem letzten Jahrtausend entscheiden, kann ich nicht nachvollziehen. Eigentlich sollte man doch aus Fehlern der Vergangenheit lernen, besonders hier.
1:54 nachm. · 14. Sep. 2024

"Besonders hier" bezieht sich auf Deutschland, denn das "3. Reich" müsste eigentlich abschreckend genug sein. Besonders ältere Generationen sind mit den Konsequenzen dieser geschichtlichen Periode aufgewachsen. Warum scheint es so, als würden ausgerechnet solche Leute und die, die nie erlebt haben, was Krieg und dessen Folgen bedeuten können, eine Partei wählen, die in Teilen ähnliches Gedankengut vertritt und wieder Realität werden lassen möchte?

Es lohnt sich, das Wahlprogramm der AfD Brandenburg zu lesen. Eine Forderung, um Wähler, die es u.a. wegen körperlicher Defizite nicht ins Wahllokal schaffen, von der Wahl auszuschließen, zeigt dieser Ausschnitt:
"...
Die Briefwahl muss abgeschafft werden
Die Briefwahlquoten steigen seit Jahren immer weiter. Dies ist verfassungsrechtlich jedoch hoch bedenklich. Nicht nur ist die Briefwahl durch das wochenlange Lagern der abgegebenen Stimmen in

den Ämtern viel anfälliger für etwaige Manipulationen, sie beeinträchtigt auch massiv die Gleichheit der Wahl, da die Bürger nicht mehr am selben Tag wählen und so neue Sachlagen nicht mehr berücksichtigt werden können. Auch betreutes Ankreuzen, beispielsweise in Seniorenheimen, wird durch die Briefwahl erleichtert. Deshalb hatte das Bundesverfassungsgericht in der Vergangenheit auch geurteilt, dass die Briefwahl ein Ausnahmefall sein muss. Wir lehnen die grundlose Briefwahl strikt ab. Wählern, die am Wahltag daran gehindert sind, das Wahllokal
aufzusuchen, wollen wir mithilfe mobiler Wahllokale die Stimmabgabe ermöglichen."

Aus:
„Es ist Zeit für eine andere Politik.
Regierungsprogramm für Brandenburg
der Alternative für Deutschland für die
Landtagswahl in Brandenburg 2024"
9:13 vorm. · 19. Sep. 2024

Der Finanzminister sollte besser mal darauf achten, dass bei öffentlichen Bauvorhaben nicht immer maximale Ausbaustandards vorgesehen werden, statt Kosten durch die Vergabe von Aufträgen an Firmen sparen zu wollen, die ihren Mitarbeitern keine auskömmlichen Löhne bezahlen.
1:16 nachm. · 19. Sep. 2024

Die AfD in einer Regierung bedeutet das "Aus für Demokratie".
8:31 vorm. · 27. Sep. 2024

Kurz zum Thema Atomenergie: Kein Unternehmen darf den Betrieb aufnehmen, wenn die Müllentsorgung nicht geklärt ist. ... und Stahl und Beton als "Verpackung" bieten auch keine Sicherheit. Wie man z.B. an Brücken sieht, ist deren Halbwertszeit im Vergleich zum Atommüll sehr gering.
8:36 vorm. · 27. Sep. 2024

Was Sahra Wagenknecht so äußert, bedeutet, dass sich Invasionen lohnen, dass sich Angriffskriege lohnen ... wenn sie

von Russland angezettelt werden. Eine sehr seltsame Einstellung, die sie schier endlos in den Medien verbreiten darf.
5:24 nachm. · 28. Sep. 2024

Was würde wohl geschehen, wenn man Herrn Höcke ähnlich viel Sendezeit zugestehen würde wie Frau Wagenknecht? Mehr Desinformation und gefährliches Gedankengut könnte man kaum verbreiten.
10:11 vorm. · 30. Sep. 2024

Wenn Merz und Söder es mit ihrer Hetze schaffen, die Grünen aus noch mehr Parlamenten zu befördern, dann legen sie es darauf an, immer öfter mit BSW oder AfD kolieren zu müssen, wenn sie an die Macht wollen. Gut für unsere Demokratie ist das ganz bestimmt nicht.
10:20 vorm. · 30. Sep. 2024

Die AfD möchte laut Grundsatzprogramm den öffentlich-rechtlichen Rundfunk zum Bezahlfernsehen mit begrenztem Programmumfang umfunktionieren. Auch eine Möglichkeit, unbequeme Berichterstattung zu unterdrücken. Unabhängiger Journalismus geht aber anders!
10:48 vorm. · 30. Sep. 2024

Frau #Wagenknecht sollte mit dem, was sie immer wieder gegen die deutsche Politik äußert, etwas vorsichtiger sein, denn sie liefert im Moment ihrem geliebten Putin die Gründe, irgendwann seine Raketen von Kaliningrad nach Deutschland zu "verlegen", denn er muss es ja "befreien".
8:09 vorm. · 1. Okt. 2024

Vorsicht überspitze Formulierung: Erst ergaunert sich das BSW über die Liste der Linken die Sitze im Bundestag, und jetzt will man dem hoch verehrten Diktator Putin unter dem Deckmäntelchen Friedenspartei die halbe Ukraine schenken. Moralisch sehr bedenklich!
12:28 nachm. · 1. Okt. 2024

Will man Migration verhindern, dann muss man etwas gegen die Ursachen tun, wie z.B. Armut, Kriege, steigende Meeresspiegel, sich ausdehnende Wüsten ... Wenn Politiker ihr Handeln nur an Umfragen und Wahlperioden orientieren, dann werden immer mehr Menschen nach Norden drängen.
12:27 nachm. · 13. Okt. 2024

Wenn Herr Merz bei Caren Miosga den Unterschied zwischen 100% und 95% mit 1% angibt, würde er wohl in Mathe nicht die beste Note bekommen. Nebenbei: Ich kenne keine Handwerker oder Mittelständler, die nicht zu den 95% zählen würden, die die SPD steuerlich entlasten möchte.
8:33 vorm. · 14. Okt. 2024

Selbst wenn der maximale EK-Steuersatz auf 60% für besonders "Reiche" angehoben würde, entstünde dadurch eher ein mentales als ein existentielles Problem, denn sogar mit einem geringen sechsstelligen monatlichen Nettoeinkommen kann man hier in Deutschland recht gut überleben.
8:38 vorm. · 14. Okt. 2024

Mir graut es vor dem Tag, an dem Leute wie Philipp Amthor Regierungsverantwortung übernehmen ... mal ganz abgesehen von der AfD.
12:31 nachm. · 15. Okt. 2024

Nochmal kurz zu der von der AfD geforderten Abschaffung der Briefwahl und mobilen Wahllokalen: Will man - wie Putin - die Wahlscheine vor den Augen einschüchternder Wahlhelfer ausfüllen lassen ... oder mit mobilen Wahllokalen nur genehme Ort anfahren. Da ist Briefwahl sicherer!
10:39 vorm. · 18. Okt. 2024

Vielleicht sollte Frau Wagenknecht bei all ihren Friedensforderungen auch darüber reden, welche diplomatischen Bemühungen es gegeben hat, um Putins Einmarsch in die Ukraine zu verhindern. Sie müsste endlich kapieren, dass ihrem Idol Putin an diplomatischen Lösungen nichts liegt.

2:15 nachm. · 21. Okt. 2024

Solange Frau Wagenknecht und ihre BSW-Mitstreiter nicht deutlich dafür eintreten, dass auch russische Raketen von den Grenzen zu NATO-Ländern abgezogen werden, ist deren Friedensgerede reine Heuchelei.

2:19 nachm. · 21. Okt. 2024

Kurzfristige betriebswirtschaftliche Überlegungen führten nach China. Langfristig bedeutet dies aber das Aus für die, die diesen Schritt gegangen sind, wie man schon heute immer mehr beobachten kann ... und dafür darf man dann keinen Wirtschaftsminister verantwortlich machen.

9:59 vorm. · 27. Okt. 2024

> Es war doch schon vor Jahrzehnten bekannt, dass Chinese gerne kopieren und von der Einhaltung von Patenten nicht viel halten. Wenn man sich eine solche Konkurrenz aus rein betriebswirtschaftlichen und kurzfristigen Überlegungen selbst aufbaut, muss man sich nicht wundern, dass die Umsätze in einem solchen Land in den Keller gehen, wenn die Unternehmen des „Gastlandes" genug gelernt haben. Ich war von ungefähr 20 Jahren in China und konnte mich schon damals des Eindrucks nicht erwehren, dass internationale Kooperationen gesucht wurden, aber nur zum eigenen Vorteil. Ich gehe immer noch fest davon aus, dass Kosten auf alle beteiligten Parteien verteilt worden wären, Gewinne aber nicht.

Wie würde Frau Wagenknecht wohl reagieren, wenn die USA in Cuba einmarschieren würden? Würde sie dann den USA einen Teil des überfallenen Landes ... oder auch das ganze Land ... schenken wollen, oder würde sie Russlands Reaktion darauf bedingungslos unterstützen?

Wohl das Wunschbild der AfD (aus "Die andere Möglichkeit" von Erich Kästner, 1930):

„...
Die Frauen müssten Kinder werfen,
ein Kind im Jahre. Oder Haft.
Der Staat braucht Kinder als Konserven.
Und Blut schmeckt ihm wie Himbeersaft.
..."

10:41 vorm. · 2. Nov. 2024

Eigentlich wäre es gut, wenn die Bundestagswahl jetzt so stattfinden würde, dass beim Amtsantritt von Donald Trump eine neue Regierung stehen würde.

8:00 vorm. · 7. Nov. 2024

Viele in der FDP stehen leider nur für eine individuelle Freiheit, die aber an ihre Grenzen stoßen sollte, wenn es um die Existenz anderer geht. Aber das scheint keine Rolle zu spielen. Und das Parteiprogramm ist sehr wichtig ... bis hinein in die kleinsten politischen Gremien.

9:33 vorm. · 7. Nov. 2024

> Ich war einmal vor langer Zeit Mitglied des Ortsbeirats meines Heimatortes. Die Zusammenarbeit aller Parteien funktionierte wirklich gut. Irgendwann scherte ein Mitglied der FDP aus und glaubte, auch in diesem sehr überschaubaren Gremium müsse „große Politik" gemacht werden, die sich am Parteiprogramm orientierte.

Wenn jetzt von einer Wiedereinführung der Kernenergie in Deutschland gesprochen wird (z.B. von der AfD), hier ein kleines Zahlenbeispiel: Der Müll strahlt für die nächsten ca. 335 Generationen, eine Hülle aus Beton und Stahl hält vielleicht 3. ... und wo war noch ein "Endlager"?

9:43 nachm. · 7. Nov. 2024

Grüne Wirtschaftspolitik möchte die Energieversorgung - und damit auch die Betriebe - langfristig zukunftsfähig machen, und nicht nur für eine Wahlperiode.

9:47 nachm. · 7. Nov. 2024

Jeder Sch.... wird in der EU angeglichen, nur bei Verkehrsregeln kocht jedes Land weiter sein eigenes Süppchen, besonders Deutschland mit der Weigerung ein Tempolimit auf Autobahnen einzuführen. Nur dem Ego Einzelner nützt es, wenn weiterhin ohne Limit gerast werden darf.

10:15 vorm. · 8. Nov. 2024

Wenn es noch mehrheitsfähige Gesetzesvorlagen im Bundestag gibt, dann sollte man kurzfristig darüber abstimmen, und nicht erst in 60 Tagen nach einer Neuwahl. Wenn man das nicht tut, braucht sich niemand über irgendwelche Verzögerungen zu beschweren.

11:32 vorm. · 8. Nov. 2024

Einmal angenommen Frau Weidel würde tatsächlich Bundeskanzlerin: Eine lesbische Frau mit ausländischer Partnerin, deren private Lebensführung so gar nicht dem Programm der eigenen Partei bzgl. Familie und Migranten entspricht, würde Deutschland repräsentieren. Kaum glaubwürdig.

1:33 nachm. · 8. Nov. 2024

Wie wäre es, wenn man den Fraktionszwang aussetzt, um dem Bundestag zur Entscheidung schon vorliegende Beschlussvorlagen noch abwickeln zu können, bevor es zu Neuwahlen kommt? Dann würde deutlich, ob die Abgeordneten zum Wohl des Volkes oder nur zu dem der Parteien handeln.

2:51 nachm. · 8. Nov. 2024

Die FDP kann es anscheinend kaum erwarten aus dem Bundestag gewählt zu werden.

3:35 nachm. · 8. Nov. 2024

BSW und AfD werden wohl nie verstehen, welchem irren "Giftzwerg" sie freie Bahn für seine Eroberungskriege gewähren? Einen nachhaltigen Frieden erreichen sie jedenfalls nicht durch diese Unterwerfungshaltung, bahnen aber den Weg für weitere seiner menschenverachtenden Feldzüge.
9:13 vorm. · 20. Nov. 2024

Was Putins Vorgehen in der Ukraine sehr deutlich zeigt: Eine dezentrale Energieversorgung ist extrem wichtig.
7:08 vorm. · 29. Nov. 2024

Wenn Frau Wagenknecht so sehr an einem Frieden in der Ukraine interessiert wäre, würde sie ohne Unterlass auf ihr Idol Putin einreden, um ihn davon zu überzeugen, die Angriffe zu unterlassen und die Truppen abzuziehen. Aber dann würde man sehen, dass sie keinen Einfluss hat.
8:06 vorm. · 29. Nov. 2024

Even the richest man of the world cannot buy intelligence. If he really wrote that only the AfD is able to save Germany it shows that he lost his mind. A party like the AfD started WW2 and was responsible for millions of dead people, especially jews. That's not saving a country.
Selbst der reichste Mann der Welt kann sich Intelligenz nicht kaufen. Wenn er wirklich geschrieben hat, dass nur die AfD Deutschland retten kann, zeigt das, dass er den Verstand verloren hat. Eine Partei wie die AfD hat den Zweiten Weltkrieg begonnen und war für Millionen von Toten, insbesondere Juden, verantwortlich. Das ist keine Rettung eines Landes.
10:41 vorm. · 20. Dez. 2024

Wie steht eigentlich die AfD zu dem, was einer ihrer "Fans" in Magdeburg angerichtet hat?
9:01 vorm. · 21. Dez. 2024

> Am Vorabend war ein anscheinend gedanklich der Afd nahestehender aus Saudi Arabien stammender und in Deutschland arbeitender Arzt mit einem

geliehenen Auto in den Magdeburger Weihnachtsmarkt gerast. Auf einer Strecke von 400m tötete er 2 Menschen und verletzte mehr 60 weitere Besucher.

Wie steht eigentlich die AfD zu dem, was einer ihrer "Fans" in Magdeburg angerichtet hat?
9:01 vorm. · 21. Dez. 2024

Dass das BSW sich nicht an dem Bündnis für eine fairen Wahlkampf beteiligt, lässt wieder tief blicken. Offensichtlich möchte man weiter die Lügen des russischen "Märchenonkels" verbreiten, echt aussehende KI-Unwahrheiten unter's Volk bringen und Mitbewerber persönlich angreifen.
11:11 vorm. · 23. Dez. 2024

Ich bin gespannt, welche fiesen Sachen die AfD ihren Wählern mit dem Programm zur Bundestagswahl unterjubelt, was sie nur tun kann, weil sie sicher sein kann, dass die Leute, die ihre Stimme dieser Partei geben, nie einen Blick in den Text werfen werden. Sollten die aber!
11:49 vorm. · 29. Dez. 2024

Das "Staatsvolk" der AfD. Die Definition beinhaltet ausreichend Ausschlusskriterien. Wo liegt denn die Grenze der "Integrationskraft". Was ist denn "unsere Lebensweise" und wessen "Werte" sind gemeint? Die der AfD? So kann man sogar unbequeme Staatsbürger loswerden.

„Gerade weil die Zugehörigkeit zum Staatsvolk von der ethnisch-kulturellen Identität der betreffenden Person rechtlich unabhängig ist, halten wir es für eminent wichtig, den Erwerb der deutschen Staatsbürgerschaft und damit die Aufnahme in das deutsche Staatsvolk, die definitiven Charakter hat, an strenge Bedingungen zu knüpfen. **Nur wer unsere Sprache spricht, unsere Werte teilt und unsere Lebensweise bejaht, soll Deutscher nach dem Gesetz werden können. Und nur wenn die Zahl der in Deutschland**

aufgenommenen und eingebürgerten Personen die Integrationskraft der deutschen Gesellschaft nicht übersteigt, bleibt das Staatsvolk auf lange Sicht auch Träger der deutschen Kultur und Identität."
Quelle: https://www.afd.de/staatsvolk/
09:15 vorm. · 30. Dez. 2024

Die AfD spekuliert immer darauf, dass ihre "Fans" nur eine geringe Aufmerksamkeitsspanne haben. Diskriminierende Äußerungen findet man "natürlich" nie im ersten Satz, sondern immer gegen Ende eines Textes, also an Stellen, die ein durchschnittlicher AfD-Wähler nie erreicht.
9:32 vorm. · 30. Dez. 2024

Ein kurzer Gedanke zu einer "Reichensteuer": Ich glaube nicht, dass ein Verzicht auf Privatflugzeuge und Autos, die 18 l/100km und mehr saufen existenzbedrohend wäre. Niedrigere Steuern am anderen Ende der Einkommensskale wären dagegen gut für Wirtschaft und Klima.
12:22 nachm. · 30. Dez. 2024

Wie kann es sein, dass enorme Beträge an das BSW gespendet werden? Woher kommt das ganze Geld? Es ist an der Zeit, dass sämliche Spender - ganz egal welcher Partei sie Geld zukommen lassen - veröffentlicht werden, damit klar erkennbar wird, welche Abhängigkeiten bestehen.
10:23 vorm. · 8. Jan. 2025

Die AfD kann nie die Rettung Deutschlands sein. Sie vertritt Positionen, die vor mehr als 60 Jahren aktuell waren, hat eine Kanzlerkandidatin, die lesbisch ist, mit einer Frau mit Migrationshintergrund verbandelt ist, keine eigenen Kinder hat, im Ausland wohnt. AfD = MOGELPACKUNG
9:09 vorm. · 10. Jan. 2025

Es lässt sich leicht mit Russland flirten, wenn man in dieser Republik finanziell gut gestellt in der äußersten westlichen

Ecke dieser Republik lebt, weit weg von den Orten, die zuerst bei einer Invasion überrollt würden. Konsequent wäre es, den Wohnsitz an die Oder zu verlegen.
9:13 vorm. · 10. Jan. 2025

Man könnte wetten, dass die Leute, die den "Lautsprechern" der AfD zujubeln und Stimmen geben, nie einen Blick in das Wahlprogramm dieser Partei geworfen haben. Anders lässt sich deren Verhalten nicht erklären. Oder möchten sie ernsthaft die Uhr um knapp 100 Jahre zurückdrehen?
9:18 vorm. · 10. Jan. 2025

Mit ihrer Rede auf dem Parteitag hat Frau Weidel sehr deutlich gemacht, dass ihr künftige Generationen vollkommen egal sind. Sie gehört auch zu den Menschen, deren zeitlicher Denkhorizont extrem begrenzt ist.
9:45 nachm. · 11. Jan. 2025

Die AfD ist eine Partei, die Deutschland komplett vernichten will. NIE sollten solche die Verantwortung für ein Land übernehmen dürfen!
9:47 nachm. · 11. Jan. 2025

Alles, was man aus der Erde holt, ist endlich. Wind, Sonne und Wasserkraft sind es nicht. Die Entsorgung des Mülls von AKWs ist immer noch nicht geklärt ... und wird auch nie ausreichend sicher zu bewerkstelligen sein. Und da möchte die AfD die Windkraftanlagen abbrechen?
10:01 nachm. · 11. Jan. 2025

Anscheinend verfügt die AfD schon über eine eigene Schlägertruppe, die sich Polizeibefugnisse anmaßt ... wie schon eine ähnlich gestrickte Partei, die für Millionen Tote im vergangenen Jahrhundert verantwortlich war. Wie kann man solch einen "Verein" bloß wählen?
12:26 nachm. · 12. Jan. 2025

Wenn alle Windkraftwerke abgerissen würden, dann träte genau das ein, was nach einigen Politikern aktuell schon stattfindet: Import von Atomstrom. Dann aber in einem größeren Umfang und für viele Jahre. Man erreichte so also nur die totale Abhängigkeit bei der Energieversorgung.
2:07 nachm. · 12. Jan. 2025

"Sie können sich winden, Sie können dazwischenrufen, aber am Ende dieses Tages werden Sie genau unserem Ausstiegsbeschluss zustimmen. Das zeigt: Sie unterstreichen die Richtigkeit unserer politischen Entscheidung." Bundesminister Dr. Philipp Rösler, FDP, Plenarprotokoll 17/117
9:42 vorm. · 17. Jan. 2025

Es ist so richtig erbärmlich von CDU, CSU und FDP wegen des Atomausstiegs immer wieder auf die Grünen einzuprügeln. Die jetzt Austeilenden sollten sich besser mal die Bundestagsprotokolle aus dem Jahr 2011 durchlesen, bevor sie in irgendwelche Mikrofone lügen.
12:08 nachm. · 17. Jan. 2025

Man könnte es Verlässlichkeit nennen, wenn eine Regierung einfach nur genau das umsetzt, was vor etlichen Jahren im Bundestag mit Terminvorgabe mehrheitlich beschlossen wurde. Die Betreiber der AKWs hatten sich auf den Ausstieg vorbereitet. Den Beschluss zu ändern bringt Chaos.
12:25 nachm. · 17. Jan. 2025

Man darf bei den Forderungen nach mehr Kernkraft nie vergessen, dass Uran auch endlich ist. Was nützen Kraftwerke, wenn der Brennstoff fehlt. ... und dann wäre da noch die Endlagerung des Abfalls, die auf der sich bewegenden Erdoberfläche an keiner Stelle sicher möglich ist.
12:42 nachm. · 17. Jan. 2025

Der Bau eines Kernkraftwerks ist keine Sofort-Lösung. Bis ein solches Teil Strom liefert, vergehen Jahrzehnte.

Elon Musk wünscht sich möglichst unfähige Regierungen, damit er freie Bahn hat für seine "persönliche Gewinnoptimierung". Deshalb ist er ein so großer Fan von Donald Trump, und deshalb wünscht er sich die AfD als Regierungspartei in Deutschland.
9:23 vorm. · 26. Jan. 2025

Voting for the AfD in Germany is a no go!!! The AfD has nothing to do with free speach. They dream of compensating migration by more "German" babies. If someone wants people back like those who started WW2, vote for AfD. If you wanna have a dysfunctional government, vote for AfD.
Die AfD in Deutschland zu wählen ist ein absolutes No-Go!!! Die AfD hat nichts mit Meinungsfreiheit zu tun. Sie träumt davon, die Migration durch mehr „deutsche" Babys zu kompensieren. Wer die Menschen zurückhaben will, die den Zweiten Weltkrieg begonnen hatten, soll die AfD wählen. Wer eine dysfunktionale Regierung will, soll die AfD wählen.
9:33 nachm. · 26. Jan. 2025

Nichts aus Fehlern der Geschichte zu lernen bedeutet, dass gleiche Fehler immer wieder wiederholt werden. Verbannt man z.B. die Ereignisse des 3. Reichs aus den Gedächtnissen, dann tauchen wieder Volksverhetzer aus der Versenkung auf. Daher: Erinnern! ... und bloß nie AfD wählen.
12:03 nachm. · 26. Jan. 2025

The only reason why Elon Musk wants the AfD to win the federal elections in Germany is that they'll support everything he says ... without thinking ... as blind as they can be. The AfD will ruin Germany and Europe.
Der einzige Grund, warum Elon Musk will, dass die AfD die Bundestagswahl gewinnt, ist, dass sie alles, was er sagt, unterstützen wird – ohne nachzudenken – so blind sie nur sein können. Die AfD wird Deutschland und Europa ruinieren.

Nur zu Erinnerung: Alice Weidel propagiert mit ihrer AfD eine Familien- und Migrationspolitik, die nur für andere gilt, die ihr privat aber völlig egal ist. Noch verlogener geht es einfach nicht.
10:28 vorm. · 27. Jan. 2025

Die AfD möchte Verbrenner mit synthetischen Kraftstoffen mit E-Autos gleichsetzen. Nur: Wer solche Kraftstoffe möchte, der sollte sich über Energiemangel nicht beschweren, denn der Energieeinsatz zur Herstellung dieser Kraftstoffe ist enorm. Dann besser direkt elektrisch fahren.
9:21 vorm. · 28. Jan. 2025

Ab heute weiß man, wie die zukünftigen Mehrheiten im Bundestag nach der Wahl aussehen. Vielen Dank, Herr Merz, dass sie das noch vor der Bundestagswahl vorgeführt haben. Warum noch eine solche Inszenierung, wenn sie doch in wenigen Wochen Kanzler sein wollen? ... oder etwa nicht?
9:49 nachm. · 29. Jan. 2025

Wie konnte Merz erwarten, dass SPD und Grüne einem Antrag zustimmen, mit dem EU-Recht und Grundgesetz teilweise ignoriert werden? Er sollte bitte nicht so tun, als wären SPD und Grüne für den Triumph der AfD verantwortlich. Er war's, und niemand sonst.
9:05 vorm. · 30. Jan. 2025

Vielleicht wurde gestern, am 29.01.2025, im deutschen Bundestag der Grundstein für das Ende der EU gelegt. Wenn Deutschland EU-Regelungen zu ignorieren beginnt, warum sollten andere Länder diese noch umsetzen?
9:08 vorm. · 30. Jan. 2025

Ein Gedankenspiel zum Thema Asyl ...

Auf der Internetseite des Auswärtigen Amts findet man folgenden Text:

„Im deutschen Asylgesetz ist geregelt, dass Asyl nur von Personen beantragt werden kann, die sich bereits in Deutschland aufhalten, da im deutschen Grundgesetz das Prinzip des sogenannten „territorialen Asyls" festgelegt ist."

Wie wäre es, wenn man diese Regelung „umdrehen" würde, wenn Asyl nur im Herkunftsland oder einem von dessen unmittelbaren Nachbarländern bei einer deutschen Stelle beantragt werden könnte? So könnte man Asylsuchenden die u.U. gefährliche Reise nach Deutschland ersparen, und, für den Fall, dass ein Asylantrag abgelehnt würde, entfiele eine Ausweisung / Rückführung mit all den damit in Verbindung stehenden Komplikationen ... und Kosten. Fehlende Unterlagen wären deutlich einfacher zu beschaffen. Antragsteller müssten nicht vor einer langen und u.U. sehr gefährlichen Reise ihr ganzes Hab und Gut aufgeben, stünden im Falle einer Ablegung und Rückführung nicht vor dem Nichts. ... und ganz nebenbei könnte man so der „Schlepperindustrie" die Grundlage entziehen.

Natürlich wäre mehr Personal in den Herkunftsländern erforderlich, um die dann dort anfallenden Asylanträge zu bearbeiten. Daraus ergäbe sich u.a. ein nicht zu unterschätzender Vorteil des Verfahrens: Ortskenntnis. Die Mitarbeiter vor Ort könnten die aktuelle Lage deutlich besser beurteilen als die, die im fernen Deutschland bei den meist überlasteten Ausländerbehörden sitzen. Überprüfungen gewisser strittiger Punkte könnten ohne extrem großen Aufwand direkt vorgenommen werden, ohne aufwändigen Schriftverkehr mit anderen Stellen und Behörden.

Würde man jetzt noch ergänzend die Antragsteller während der Bearbeitungszeit in einer Art „Bildungseinrichtung" unterbringen, in der es u.a. verpflichtende Sprachkurse gäbe, käme niemand nach Deutschland, der permanent auf einen Übersetzer angewiesen wäre. Vielleicht würden auch einige Asylbewerber ihren Antrag zurückziehen, wenn sie keine

Lust haben sollten, gewisse Mindestanforderungen zu erfüllen.

Ja, es entstünden höhere Kosten im Ausland, aber dafür müsste weniger Geld in Deutschland ausgegeben werden, möglicherweise deutlich weniger. Städte und Gemeinden würden entlastet, das Gefühl einer „Überforderung" wahrscheinlich nachlassen.

Kombinierte man das Ganze noch mit einem gemeinsamen europäischen „Grenzschutz", der wirklich von allen EU-Ländern finanziert und mit Personal versehen würde, müsste sich eigentlich die Zahl der Mensch, die sich dennoch auf den gefährlichen und teuren Weg in Richtung EU aufmachen, drastisch reduzieren lassen.

Denen, die trotzdem noch ankämen, müsste klar sein, dass sie nach einem kurzen Aufenthalt irgendwo in der EU in einen Flieger zurück in Richtung Heimat gesetzt würden, wobei dies auch so aussehen könnte, dass die Ankommenden nach ihrem Herkunftsland auf die EU-Staaten verteilt würden, um so u.a. Konflikte zwischen verfeindeten Volksgruppen minimieren zu können. Wenn eine ausreichende Anzahl der so Untergebrachten für einen Flug z.B. in einer Bundeswehrmaschine erreicht ist, könnte ohne weiteres Verfahren der Rückflug in den Heimatstaat starten, und auf dem Rückflug könnten anerkannte Asylbewerber mitgenommen werden.

Solange man bei dem Verfahren bleibt, dass nur in Deutschland ein Asylantrag gestellt werden kann, ändert sich an der aktuellen Situation nichts, und Menschen – Einzelpersonen oder Familien –, die nicht über die notwendigen finanziellen Mittel verfügen, um sich eine Reise ins Ungewisse leisten zu können, aber genügend Gründe zur Beantragung von Asyl in Deutschland hätten, würden so eine echte Chance bekommen. Es könnte so auch vermieden werden, dass eine Vorhut in die EU geschickt wird, um später über Regelungen zum Familiennachzug für mehr Zuwanderung zu sorgen.

Noch ein Hinweis: Bei diesem Text handelt es sich nicht um ein mit Zahlen hinterlegtes Modell, sondern lediglich um ein spontanes Gedankenspiel.
10:07 vorm. · 5. Feb. 2025

Alice Weidel sollte Ihre Familie nach Deutschland holen, damit sie persönlich spürt, was die Politik ihrer Partei im Verhältnis der Menschen untereinander anrichtet. Aber dazu ist sie viel zu feige. Hass säen und die Folgen aus sicherer Entfernung beobachten, das kann sie.
1:07 nachm. · 11. Feb. 2025

Die AfD zu wählen ist so ähnlich, als wenn man bei einem Mietwagen in Irland oder dem UK in voller Fahrt dank Rechtssteuerung in den Rückwärtsgang schaltet. Außer einem Getriebeschaden mit anschließendem Stillstand und hohen Kosten kommt nichts dabei rum.
8:42 vorm. · 13. Feb. 2025

Die AfD zu wählen bedeutet, dass Migration durch höhere Geburtenraten deutscher Kinder ersetzt werden soll, man diesen Kindern aber gleichzeitig durch eine rückwärtsgewandte Energie- und Klimapolitik den Lebensraum ruiniert. Eine ganz tolle Kombination!
8:30 vorm. · 14. Feb. 2025

Es ist totaler Blödsinn, wenn verbreitet wird, dass der Umgang mit der AfD undemokratisch sei. Sie bekommt genau wie alle anderen Parteien ihre Sitze im Bundestag gem. der Anzahl der Wählerstimmen. In einer Demokratie regieren aber immer die, die die MEHRHEIT hinter sich haben.
8:51 vorm. · 15. Feb. 2025

Wenn man sich so benimmt, wie einige Aushängeschilder der AfD, und Positionen vertritt, die der Verfassung nicht entsprechen, muss sich niemand beschweren, wenn eine

aktuell 20% Partei trotzdem nicht an einer Regierung beteiligt wird. Zur Info: Mehrheit bedeutet > 50%
9:02 vorm. · 15. Feb. 2025

Die Meinungsfreiheit stößt dann an ihre Grenzen, wenn die "Meinung" in den Zuständigkeitsbereich des Strafgesetzbuchs hineinrutscht.
9:46 nachm. · 15. Feb. 2025

Eigentlich hat die Welt ausreichend schlechte Erfahrungen damit gemacht, wenn in Deutschland Typen regier(t)en, die ihren Lebensmittelpunkt eigentlich in einem Nachbarland haben/hatten. Damals war es Österreich ...
9:53 nachm. · 15. Feb. 2025

Erst, wenn Alice Weidel ihre Partnerin so behandeln würde, wie sie andere Migranten laut dem Programm ihrer eigenen Partei behandelt haben möchte, und erst, wenn sie ihr eigenes Privatleben an dem Programm der AfD ausrichtet, erst dann würde eben jene AfD etwas glaubwürdiger.
10:32 vorm. · 16. Feb. 2025

Wenn sich Alice Weidel über Zwischenrufe während ihrer Reden im Bundestag beschwert, dann sollte sie mal die Sitzungsprotokolle lesen. Sie wird kaum eine Seite ohne Zwischenrufe der "Lautsprecher" ihrer AfD-Fraktion finden ... außer dem Inhaltsverzeichnis.
8:34 vorm. · 18. Feb. 2025

Ein "lustiger" Satz aus dem AfD-Programm: "Die Vermüllung der Weltmeere hat ihren Ursprung nicht in Deutschland, sondern überwiegend in Ländern mit geringem Wohlstand." Da vergessen wohl einige Leute, woher der Müll in den "Ländern mit geringem Wohlstand" tatsächlich stammt.
8:43 vorm. · 18. Feb. 2025

Allen, die Robert Habecks Anzeigen mit einer Beschränkung der Meinungsfreiheit verwechseln, sei ein Blick in das Strafgesetzbuch empfohlen. Man findet darin nämlich den "Online-Volkssport" Beleidigung.
Strafgesetzbuch (StGB)
$ 185 Beleidigung
8:42 vorm. · 19. Feb. 2025

Man braucht heute keine Politik, um einem Land zu schaden. Dafür reichen schon miese Posts z.B. hier auf X, in denen Tatsachen verdreht oder ohne Kontext veröffentlicht werden. Lügen sind auch sehr beliebt. ... und Elon Musk sorgt dann für die Verbreitung, wenn es ihm nützt.
9:04 vorm. · 21. Feb. 2025

Schon aufgefallen, dass die AfD in Teilen Trumps Aussagen und Wünsche fast wörtlich kopiert? Will man wirklich eine empathielose Bücklingspolitik im Sinne Russlands? Außerdem: Unregulierte Märkte hat man in manchen Ländern Südamerikas ausprobiert. Es ging gründlich schief.
9:31 vorm. · 21. Feb. 2025

Mit der AfD in der Regierung müsste sich nur noch entschieden werden, ob Deutschland zu einem unterwürfigen Außenposten der im Moment sich von der Demokratie entfernenden USA oder von einem sowieso undemokratischen Russland würde. So sähen die Alternativen für Deutschland aus.
9:42 vorm. · 21. Feb. 2025

Im "2+4-Vertrag" vom 12.09.1990 gibt es eine Regelung zur Begrenzung der Truppenstärke der Bundeswehr. Forderungen zur immer weiteren Erhöhung des Wehretats seitens der USA machen vor diesem Hintergrund nicht wirklich Sinn. Funktionserhalt ja, aber eben nur im zulässigen Rahmen.
10:22 vorm. · 21. Feb. 2025

Die AfD sollte sich mal die Konsequenzen aus einem EU-Austritt und einer Abschaffung des Euro überlegen. Wenn der Binnenmarkt wegfällt, die Grenzen geschlossen werden und Banken wieder am Währungstausch verdienen dürfen, dann hilft das weder Wirtschaft noch Privatpersonen.
9:11 vorm. · 22. Feb. 2025

Wenn man "Die Linke" immer noch als SED-Nachfolgeorganisation betrachtet, dann passte das BSW auch in diese Schublade. ... Und was ist dann eigentlich mit der CDU und deren Integration einer damaligen Blockpartei? Einige aus der AfD wollen dagegen zurück ins 3. Reich.
9:30 vorm. · 22. Feb. 2025

Es gibt anscheinend einige Leute, die den Inhalt des Tatort "Verblendung" als real verstanden haben, besonders den bzgl. politischer Gefangener. Wenn man den Unterschied zwischen Fiktion und Realität nicht hinbekommt, dann wird's "unangenehm" und gefährlich. Grüße an JD Vance.
10:28 vorm. · 22. Feb. 2025

Derzeit können Asylanträge nur in Deutschland gestellt werden (keine Idee der Ampel!). Wenn Asyl nur noch in der dem Heimatort nächstgelegenen Deutschen Auslandsvertretung gestellt werden dürften, würde man Schlepper ausschalten und es kämen nur noch Berechtigte ins Land.
10:35 vorm. · 22. Feb. 2025

Drastisch und sehr überspitzt formuliert könnte man sagen, dass die AfD mit den in ihrem Programm verankerten "Wurfprämien" versucht, sich ein möglichst dummes Wahlvolk heranzuzüchten.
1:32 nachm. · 22. Feb. 2025

Die AfD möchte ja unbedingt den ÖRR abschaffen. Dann gäbe es noch mehr zum Wohle der Eigentümer gewinnoptimiertes und weniger neutrales Werbe- und Müllfernsehen

(Trash TV). Wir kommen so dem alten römischen Slogan "Brot und Spiele" immer näher, wobei Brot nachrangig wäre.
10:21 vorm. · 22. Feb. 2025

"weniger neutral" ist hier zusammenhängend gemeint, nicht quantitativ, also so, dass es mehr Werbe- und Müllfernsehen geben würde, das weniger neutral sein wird.
1:35 nachm. · 22. Feb. 2025

The AfD isn't able to "save Germany" and will never be, but they will bring back the horror of the Nazis, a time without freedom of speech and opinion, a time when the "wrong religion" and "wrong" opinions were used as reasons for to kill millions of people. NEVER AGAIN!
Die AfD kann Deutschland nicht retten und wird es auch nie können, aber sie wird den Schrecken der Nazis zurückbringen, eine Zeit ohne Meinungs- und Redefreiheit, eine Zeit, in der die „falsche Religion" und „falsche" Meinungen als Vorwand für die Ermordung von Millionen von Menschen dienten. NIE WIEDER!
12:54 vorm. · 23. Feb. 2025

Mal eine These: Das Internet ist für mehr Kriminalität verantwortlich, als es Migranten je sein können. Man denke nur an all die Betrügereien, Mobbing (bis Leute in den Selbstmord getrieben werden), sexualisierte Gewalt, Waffenhandel ... um nur einige wenige Aspekte zu nennen.
8:31 vorm · 23. Feb. 2025

AfD Wähler sollten bedenken: Wenn die Grenzen dicht gemacht werden, Deutschland aus der EU austritt und den Euro abschafft, dann ist es vorbei mit dem billigen Urlaub auf Mallorca, es sei denn, die AfD möchte die Insel zum deutschen Staatsgebiet machen wie Trump Grönland.
9:05 vorm. · 23. Feb. 2025

Wie hoch wird wohl der geldwerte Vorteil zugunsten der AfD durch Musks Unterstützung hier auf X sein? Diese

"Parteispende" wird nicht unerheblich sein und dürfte nicht unter den Tisch fallen.

11:45 vorm. · 23. Feb. 2025

Die AfD will doch die Briefwahl sowieso abschaffen. Warum regt sich also jemand auf, wenn Briefwahlunterlagen zu spät im Ausland ankommen? .. und außerdem: Die Laufzeit von Briefen variiert je nach Empfängeranschrift sehr stark. Der reguläre Wahltermin wäre sicherer gewesen.

1:10 nachm. · 23. Feb. 2025

Selbst wenn Deutschland nicht für den Ausbruch des WW2 verantwortlich gewesen wäre, wie bei X behauptet wird, lassen sich Konzentrationslager, Gaskammern und der millionenfache Mord an Juden, Nicht-Nazis, Menschen mit Behinderungen und vielen Anderen nicht entschuldigen.

1:19 nachm. · 23. Feb. 2025

Es ist schon seltsam, wenn ausgerechnet die, die jetzt nach Neuwahlen schreien, zu denen zählen, die die Ampel-Regierung möglichst schnell beendet sehen wollten. ... und jetzt bitte nicht Trumps Wahlfälschungsfantasien nach Deutschland importieren.

10:15 vorm. · 28. Feb. 2025

Wenn man jetzt Neuwahlen unter Berücksichtigung aller möglicher Unwägbarkeiten wie z.B. der Laufzeit von Briefen ins Ausland, organisieren würde, hätte man sich die vorgezogene Bundestagswahl sparen können.

10:20 vorm. · 28. Feb. 2025

Ein Problemchen: Vor dem Hintergrund des von dem Internationalen Strafgerichtshof erlassenen Haftbefehls gegen Netanjahu manövriert sich Merz mit einer offiziellen Einladung an eben jenen in eine "blöde" Situation, denn eigentlich müsste man Netanjahu in Deutschland verhaften.

1:33 nachm. · 25. Feb. 2025

Elon Musk und seine Jünger haben keinen blassen Schimmer, was die Verfassung der USA bzgl. Gewaltenteilung vorgesehen hat, glauben aber, sie müssten sich zu Meinungsfreiheit und Demokratie in anderen Ländern äußern. So gesehen ist deren Unterstützung der AfD vollkommen logisch.
4:48 nachm. · 26. Feb. 2025

The only thing that this post shows is that there are too many people who know nothing about the political system in Germany. The president of Germany doesn't have the same power as the president of the USA. He cannot order anything by himself.

Dieser Beitrag zeigt lediglich, dass es zu viele Menschen gibt, die nichts über das politische System in Deutschland wissen. Der deutsche Präsident hat nicht die gleiche Macht wie der US-Präsident. Er kann nichts selbst anordnen.
7:47 vorm. · 10. März 2025

> Meine kurze Reaktion auf einen Post, der am 09.März 2025 von einer gewissen Naumi Seibt eingestellt worden war:
>
> „Right-wing candidate Gerogescu was just BANNED from the presidential election.
>
> Europe's tyrants feel inspired: President Steinmeier already announced in December that the AfD may face the same punishment!
>
> Are our DEMOCRACIES just a JOKE?"
>
> *Der rechtsgerichtete Kandidat Gerogescu wurde gerade von der Präsidentschaftswahl ausgeschlossen.*
>
> *Europas Tyrannen fühlen sich inspiriert: Bundespräsident Steinmeier kündigte bereits im Dezember an, dass der AfD die gleiche Strafe drohen könnte!*
>
> *Sind unsere DEMOKRATIEN nur ein WITZ?*

Parteien wie AfD und jetzt wohl auch BSW nutzen das Rechtssystem bis zum Anschlag aus, beschweren sich aber gleichzeitig, dass Straftaten usw. nicht ausreichend verfolgt würden. Wie denn auch, wenn Richter durch die von ihnen selbst angezettelten Verfahren blockiert werden.

1:52 nachm. · 15. März 2025

Deutschland ist nicht so, wie es hier oft beschrieben wird. Wenn man Gesprächsfetzen aus dem Zusammenhang reißt, Hintergründe verschweigt, Bilder ohne die notwendigen Informationen reißerisch kommentiert, hat das nichts mit Informationen zu tun. So sät man Hass und Misstrauen.

10:15 vorm. · 19. März 2025

Gestern hat die AfD wieder bewiesen, dass sie Demokratie nur akzeptiert, wenn Abstimmungsergebnisse ihren Wünschen entsprechen. Wenn man die Zeit aller Abgeordneten damit vergeudet, einen Kandidaten durchbringen zu wollen, der noch nie mehrheitsfähig war, ist es sehr ignorant.

10:41 vorm. · 26. März 2025

Man empfiehlt sich nicht für eine Zusammenarbeit, indem man demokratische Entscheidungen durch sämtliche Rechtsinstanzen jagt und Leute in politische Funktionen bringt, die sich immer wieder verfassungsfeindlich und oft auch strafrechtsrelevant öffentlich äußern.

11:14 vorm. · 26. März 2025

Die AfD hat 152 Abgeordnete im Bundestag. Wenn sie tatsächlich aus dieser Menge jemanden aufstellen würde, der mehrheitsfähig wäre, könnte diese Person tatsächlich gewählt werden. Stellt man aber immer wieder einen mehrfach durchgefallenen Kandidaten auf, ist es eine Provokation.

11:06 vorm. · 26. März 2025

Wie oft ist genau dieser von der AfD aufgestellte Kandidat schon nicht gewählt worden? Eine "lernfähige" Partei hätte aus ihren 152 Abgeordneten jemanden ausgesucht, der tatsächlich mehrheitsfähig gewesen wäre. ... und zur Demokratie gehört es eben, Wahlergebnisse zu akzeptieren.

8:40 vorm. · 27. März 2025

Warum ist es eigentlich für AfD Anhänger so schwer, den Sinn des Begriffs "Mehrheit" zu verstehen. 20% stellen keine Mehrheit dar, 25% auch nicht. ... und mit einem Parteiprogramm, das zu einem dysfunktionalen Staatsgebilde führen würde, lassen sich auch nie Mehrheiten finden,
4:34 nachm. · 11. Apr. 2025

In einer Demokratie ist es üblich, dass diejenigen regieren, die Mehrheiten organisieren können. Wenn auf diese Art eine Mehrheit der Repräsentanten des Volkes eine Regierung bildet, hat eine Partei mit 20 oder auch 25 % das zu akzeptieren. Es nicht zu tun ist undemokratisch.
9:54 nachm. · 11. Apr. 2025

Etwa 80 % der Wähler in Deutschland haben ihre Stimmen NICHT der AfD gegeben. Aus einem Stimmenzuwachs einer Partei lässt sich nicht ableiten, dass sie Teil einer Regierung sein müsse. Sonst müsste Die Linke ebenso berücksichtigt werden. Sie nimmt ihre Rolle an, die AfD nicht.
10:05 nachm. · 11. Apr. 2025

Betrachtet man die Protokolle der Bundestagssitzungen - besonders die Zwischenrufe - dann ist es wirklich verständlich, dass die anderen Parteien nicht mit der AfD zusammenarbeiten wollen und können.
10:08 nachm. · 11. Apr. 2025

Die AfD ist wohl die einzige Partei, die es schafft, in ihrem Programm die Augen vor Müllexport zu verschließen und den "Empfängerländern" unseres Wohlstandsmülls im selben Abschnitt vorzuwerfen, sie seien für eine massive Umweltverschmutzung verantwortlich. Eigentlich unwählbar!
8:27 vorm. · 12. Apr. 2025

Was macht die Reichsbürger eigentlich so sicher, dass sie, wenn ihr ersehntes Staatskonstrukt Realität würde, nicht zu der Mehrheit der Geknechteten zählen würden, die ihr Leben

und all ihre Kraft allein zum Wohl ihres Staatsoberhaupts opfern müssten?
9:07 vorm. · 12. Apr. 2025

Vielleicht sollte sich Herr Spahn mal das Programm der AfD ganz durchlesen, das nicht so ganz zu seiner Lebensführung passt, bevor er irgendwelche Offerten nach ganz Rechts in die Welt setzt.
10:49 vorm. · 14. Apr. 2025

Es scheint Leuten wie Herrn Spahn völlig egal zu sein, mit welchen Kooperationspartner sie an die Macht kommen, was eine gewisse Tradition in der CDU zu haben scheint. Man denke nur an Alt-Nazis nach WW2 und Ex-Blockparteimitglieder der DDR. Das "C" verschafft ein Deckmäntelchen.
8:57 vorm. · 17. Apr. 2025

Wenn sich die AfD im Gesamten - also alle Mitglieder und besonders Abgeordnete - vollumfänglich zur Verfassung bekennen und sich an demokratische "Spielregeln" halten würde, erst dann könnte sie erwarten, dass sie wie eine "normale Oppositionspartei" behandelt würde.
9:02 vorm. · 17. Apr. 2025

Der größte - und gleichzeitig schlechteste - Gag wäre es, wenn Maximilian Krah Mitglied des Geheimdienst-Ausschusses würde. Dann könnte man auch direkt den russischen und den chinesischen Geheimdienst zu den Sitzungen einladen. Bei anderen AfD Leuten wäre es sicherlich ähnlich.
10:37 vorm. · 17. Apr. 2025

USA

Warum bekommen die USA ein eigenes Kapitel in diesem Buch? Eigentlich ist es kein Kapitel über die USA im Allgemeinen, sondern vielmehr geht es um jemanden, der einen weniger positiven Eindruck hinterlässt. Zunmindest bei mir. Ich bin mit dem Mietwagen schon oft in den USA unterwegs gewesen. Die Landschaft hat mich immer beeindruckt, besonders die im Westen. Aber ansonsten? Ja, ich habe dort auch einige wenige Freunde, aber was sich dort im Vorfeld von Wahlen ereignet und zu welchen Ergebnissen diese führen, ist mit etwas Abstand betrachtet - vorsichtig ausgedrückt - erschreckend.

Nach dem erscheinen der Ausgabe 1.0 dieses Buchs meinte der Eigentümer von X, er müsse sich immer mehr in den deutschen Wahlkampf einmischen, und dies nicht, um eine demokratisch gesinnte Partei zu unterstützen. Aus sonst wurde der "Schattenpräsident" immerwunderlicher. Daher beschloss ich, meine Kurznachrichtenschreiberei noch etwas fortzuführen. Ich wollte einfach nur ausprobieren, ob ich es schaffe, dass mein Account noch vor der Bundestagswahl im Februar 2025 gesperrt wird.

Might it be possible that the "elected" President of the USA lives in a world far away from mine? What does he know about real life?
Ist es möglich, dass der „gewählte" Präsident der USA in einer Welt lebt, die weit von meiner entfernt ist? Was weiß er vom wirklichen Leben?
3:43 nachm. · 17. Dez. 2016

Now the members of the electoral college are responsible too for all the chaos that will happen in our world after January 20th 2017.

Nun sind auch die Mitglieder des Wahlkollegiums für all das Chaos verantwortlich, das nach dem 20. Januar 2017 in unserer Welt herrschen wird.
12:30 nachm. · 20. Dez. 2016

Maybe many people in the USA who vote for Trump begin to realize that he is losing contact to them. He will be the President for the rich.
Vielleicht merken viele Menschen in den USA, die Trump wählen, dass er den Kontakt zu ihnen verliert. Er wird der Präsident der Reichen sein.
9:56 vorm. · 22. Dez. 2016

I'm sure I am as qualified to be the boss of Trump's companies as he is to be President of the USA.
Ich bin überzeugt, dass ich für die Position des Chefs von Trumps Unternehmen ebenso qualifiziert bin wie er für das Amt des Präsidenten der USA.
9:57 vorm. · 22. Dez. 2016

A POTUS should learn that he's president and not a king! Even for him it's not legal to act against the existing laws.
Ein POTUS sollte lernen, dass er Präsident und kein König ist! Selbst für ihn ist es nicht legal, gegen die bestehenden Gesetze zu verstoßen.
9:38 vorm. · 6. Feb. 2017

The Big Lebowski" for president ... ;-)
9:16 vorm. · 31. Juli 2017

Might it be that some US citizens forget that they are all immigrants or descendants of immigrants ... except the Native Americans.
Vielleicht vergessen manche US-Bürger, dass sie alle Einwanderer oder Nachkommen von Einwanderern sind ... mit Ausnahme der amerikanischen Ureinwohner.
9:58 vorm. · 6. Sep. 2017

If the grandson of Mr Drumpf from Germany (yes, an immigrant ... maybe a little bit illegal at that time) keeps on working on his "America first", the USA might become very lonely in the world one day ;-)

Wenn der Enkel von Herrn Drumpf aus Deutschland (ja, ein Immigrant ... vielleicht damals noch ein bisschen illegal) weiterhin an seinem "America first"-Prinzip arbeitet, könnten die USA eines Tages sehr einsam auf der Welt sein ;-)

11:44 vorm. · 19. Juli 2018

Trump asked: "Is there anything better to celebrate than the end of a war, ..?" My answer is yes! Never start any war and never be the reason for the beginning of one.

Trump fragte: „Gibt es etwas Besseres zu feiern als das Ende eines Krieges, …?" Meine Antwort ist ja! Beginnen Sie niemals einen Krieg und seien Sie niemals der Grund für den Beginn eines Krieges.

4:23 nachm. · 11. Nov. 2018

It seems as if there's a president who doesn't understand very easy things of doing business: no order = no payment, delivery without an order = no payment

Es scheint, als ob es einen Präsidenten gibt, der die ganz einfachen Dinge des Geschäftslebens nicht versteht: keine Bestellung = keine Zahlung, Lieferung ohne Bestellung = keine Zahlung

5:38 nachm. · 4. Jan. 2019

Dear Mr. Trump, if you keep on acting like you do in these days and did for the last months, you don't need to build a wall. Nobody will like to go to the US anymore. But then it won't be "America first" but "America alone".

Lieber Herr Trump, wenn Sie so weitermachen wie in diesen Tagen und in den letzten Monaten, brauchen Sie keine Mauer zu bauen. Niemand wird mehr gerne in die USA reisen. Aber dann heißt es nicht mehr "America first", sondern "America einsam".

9:01 vorm. · 15. März 2019

This Is What Happens When a Narcissist Runs a Crisis
https://nyti.ms/2xWe4VN
8:22 nachm. · 6. Apr. 2020

Whenever the majority of votes isn't enough to win an election, you are living in a fake democracy.
Wenn die Stimmenmehrheit nicht ausreicht, um eine Wahl zu gewinnen, leben wir in einer Scheindemokratie.
6:22 vorm. · 2. Nov. 2020

Frage: Ab welchem politischen Amt hat die Meinungsfreiheit mehr Gewicht, als die Sicherheit der Allgemeinheit? Darf z.B. jeder (Fast-) Diktator im Rahmen der Meinungsfreiheit Lügen verbreiten und seine Anhänger quasi zum Aufstand aufrufen, ohne dass es für ihn Konsequenzen hat?
9:16 vorm. · 12. Jan. 2021

How to misuse power: Talk about "law and order" and pardon family members and friends.
So missbraucht man Macht: Reden Sie über „Recht und Ordnung" und begnadigen Sie Familienmitglieder und Freunde.
10:20 vorm. · 20. Jan. 2021

Trump seems to follow Orwell's 1984 and acts almost like the people who work for Big Brother's Records Department, which belongs to the "Ministry of Truth": If he doesn't like history, he just rewrites it, replaces it ...
Trump scheint sich an Orwells „1984" zu orientieren und verhält sich fast wie die Leute, die für die Big Brother Records Department arbeiten, die dem „Ministerium für Wahrheit" untersteht: Wenn ihm die Geschichte nicht gefällt, schreibt er sie einfach um, ersetzt sie ...
3:02 nachm. · 2. Feb. 2021

To all the "Christians" who gave their vote to Trump's people: Read Matthew 21:12-13 and be sure that they have been some of those who were driven out of the temple.

An alle „Christen", die Trumps Leuten ihre Stimme gegeben haben:
Lesen Sie Matthäus 21:12-13 und seien Sie sicher, dass sie zu denen
gehörten, die aus dem Tempel vertrieben wurden.
7:36 vorm. · 9. Nov. 2022

The way you live your life is much more important than keep
on telling others what you believe in.
Die Art und Weise, wie Sie Ihr Leben führen, ist viel wichtiger, als
anderen ständig zu erzählen, woran Sie glauben.
7:58 vorm. · 9. Nov. 2022

How many of the Ten Commandments does politicians have
to ignore before "Christians" stop voting for them? ... at least
one or all of them? Remember: One says: "You shall not bear
false witness against your neighbor".
Wie viele der Zehn Gebote müssen Politiker ignorieren, bevor
„Christen" aufhören, für sie zu stimmen? ... mindestens eines oder
alle davon? Denken Sie daran: Eins sagt: „Du sollst nicht falsch
Zeugnis reden wider deinen Nächsten."
8:42 vorm. · 9. Nov. 2022

Each vote for Trump and his people delivers one more reason
for Putin to fight Nazis.
Jede Stimme für Trump und seine Leute liefert für Putin einen
weiteren Grund, die Nazis zu bekämpfen.
8:44 vorm. · 9. Nov. 2022

It's hard to believe that people in the US still vote for Trump,
for a guy who adores dictators. If you wanna live in a political
system that's equal to those in Russia, China and North Korea, then keep on voting for him. Each vote for Trump brings
the world closer to WW3!
Es ist kaum zu glauben, dass die Menschen in den USA immer
noch für Trump stimmen, einen Mann, der Diktatoren verehrt.
Wenn Sie in einem politischen System leben wollen, das denen in
Russland, China und Nordkorea ebenbürtig ist, dann wählen Sie

ihn weiterhin. Jede Stimme für Trump bringt die Welt dem 3. Welt-
krieg näher!
<u>10:03 vorm. · 24. Jan. 2024</u>

The way Trump reads the bible: Matthew 22,39 says "You shall love your neighbor as yourself". Trump: I love myself, so I'm a good guy, and all my neighbors have to love me. ... I really find no explanation why christians vote for someone who ignores what's written in the bible.

So liest Trump die Bibel: In Matthäus 22,39 heißt es: „Du sollst deinen Nächsten lieben wie dich selbst." Trump: „Ich liebe mich selbst, also bin ich ein guter Mensch, und alle meine Nächsten müssen mich lieben." ... Ich finde wirklich keine Erklärung dafür, warum Christen jemanden wählen, der ignoriert, was in der Bibel steht.

<u>12:56 nachm. · 28. Jan. 2024</u>

From a distance the behavior of the GOP seems to be very "strange". Do they really wanna destroy the reputation of the US for to please Trump? Forget about "law and order". If you mention this ever again it's nothing but a bad joke. Remember: You are supporting a criminal!

Aus der Ferne erscheint das Verhalten der GOP sehr „seltsam". Wollen sie wirklich den Ruf der USA zerstören, um Trump zu gefallen? Vergessen Sie „Recht und Ordnung". Wenn Sie das jemals wieder erwähnen, ist es nichts weiter als ein schlechter Witz. Denken Sie daran: Sie unterstützen einen Kriminellen!

<u>9:48 vorm. · 9. Feb. 2024</u>

The second amendment of the constitution of the USA was enacted in 1789. Why should anybody be allowed to "keep and bear Arms" which are more powerful than those which were available at that time? Plus: "Keep and bear" doesn't mean "use", especially not for self protection.

Der zweite Zusatzartikel zur Verfassung der USA wurde 1789 verabschiedet. Warum sollte es irgendjemandem erlaubt sein, „Waffen zu besitzen und zu tragen", die leitungsfähiger sind als

die, die damals erhältlich waren? Außerdem: „Besitzen und Tra-
gen" bedeutet nicht „Verwendung", insbesondere nicht zur
Selbstverteidigung.
11:12 nachm. · 9. Feb. 2024

To all the christians in the US who wanna vote for Trump:
What about Exodus 20, especially 14 - 17? Are you too blind
to see what he did and still does for all of his life? He did
adultery. He gives false testimony. He covets everything that
isn't his ... even the presidency.
An alle Christen in den USA, die Trump wählen wollen: Was ist
mit Exodus 20, insbesondere 14-17? Seid ihr zu blind, um zu sehen,
was er getan hat und sein ganzes Leben lang immer noch tut? Er
hat Ehebruch begangen. Er legt falsche Zeugenaussagen ab. Er be-
gehrt alles, was ihm nicht gehört ... sogar die Präsidentschaft.
11:00 vorm. · 10. Feb. 2024

What Trump said about NATO lately reminds me of Mafia
and racketeering. Maybe that was his way to do business all
his life ... and still is. I really cannot understand why people
in the USA wanna have a "Mafia Boss" for president ... again.
Was Trump in letzter Zeit über die NATO gesagt hat, erinnert
mich an die Mafia und organisierte Kriminalität. Vielleicht war das
sein Leben lang seine Art, Geschäfte zu machen ... und ist es immer
noch. Ich kann wirklich nicht verstehen, warum die Leute in den
USA einen „Mafia-Boss" zum Präsidenten haben wollen ... schon
wieder.
10:11 vorm. · 12. Feb. 2024

If Trump gets immunity and becomes the next president of
the US, there will be many American Nawalnys. All his critics
will be gone ... sooner or later. Is that really what the GOP
wants the USA to be? Ok, maybe the people who support
Trump don't even know who Nawalny was.
Wenn Trump Immunität erhält und der nächste Präsident der
USA wird, wird es viele amerikanische Nawalnys geben. Alle seine
Kritiker werden weg sein ... früher oder später. Ist es wirklich das,

was die GOP für die USA will? Ok, vielleicht wissen die Leute, die Trump unterstützen, nicht einmal, wer Nawalny war.
3:16 nachm. · 17. Feb. 2024

All christians in the USA who are thinking about giving their vote to Trump should keep in mind that with Trump as next president of the US the revelation might come earlier than it is GOD's plan. If that happens, don't blame others.
Alle Christen in den USA, die darüber nachdenken, Trump ihre Stimme zu geben, sollten bedenken, dass mit Trump als nächstem Präsidenten der USA die Offenbarung früher kommen könnte, als es Gottes Plan ist. Wenn das passiert, geben Sie nicht anderen die Schuld.
11:41 vorm. · 25. Feb. 2024

Always keep in mind: Trump's "wealth" is based upon a criminal family tradition ... and Russian money. Does someone really want a president who depends on Russia?
Denken Sie immer daran: Trumps „Reichtum" basiert auf einer kriminellen Familientradition ... und russischem Geld. Will jemand wirklich einen Präsidenten, der von Russland abhängig ist?
11:49 vorm. · 25. Feb. 2024

Trump as president will be responsible for the death of so many kids. Why are so many people wasting their thoughts on abortion? First you should think about the living conditions of kids ... not only in the USA.
Trump wird als Präsident für den Tod so vieler Kinder verantwortlich sein. Warum verschwenden so viele Menschen ihre Gedanken an Abtreibung? Zuerst sollten Sie an die Lebensbedingungen von Kindern denken ... nicht nur in den USA.
12:07 nachm. · 25. Feb. 2024

To make the life of kids better in the whole world means that the living conditions of their parents will be better too. Result: Less migration.

Wenn das Leben der Kinder auf der ganzen Welt besser wird,
bedeutet das, dass auch die Lebensbedingungen ihrer Eltern besser
werden. Ergebnis: weniger Migration.
12:27 nachm. · 25. Feb. 2024

Trump said that he'll be able to end the war in Ukraine within
24 hours. Maybe he's right because Putin will die of laughter
as soon as he'll get to know that the voters in the US were
stupid enough to make his puppet president again.
Trump sagte, er könne den Krieg in der Ukraine innerhalb von 24
Stunden beenden. Vielleicht hat er recht, denn Putin wird sich tot-
lachen, sobald er erfährt, dass die Wähler in den USA dumm genug
waren, seine Marionette wieder zum Präsidenten zu machen.
9:59 vorm. · 3. März 2024

I know that many people in the USA are not interested in history and in what's going on in the world. But: After WW 2
the US, the UK and France made Germany a free country
again. After losing WW 3 who might help the USA? China
and Russia. No freedom anymore. Future made by Trump
Ich weiß, dass sich viele Menschen in den USA nicht für Geschichte
und das Weltgeschehen interessieren. Aber: Nach dem Zweiten
Weltkrieg haben die USA, Großbritannien und Frankreich
Deutschland wieder zu einem freien Land gemacht. Wer könnte den
USA nach dem verlorenen Dritten Weltkrieg helfen? China und
Russland. Keine Freiheit mehr. Zukunft kreiert von Trump
10:57 vorm. · 3. März 2024

Voting for Trump is nothing else than throwing the Constitution of the United States of America on history's dump.
Für Trump zu stimmen, wäre nichts anderes, als die Verfassung
der Vereinigten Staaten von Amerika auf die Müllhalde der Ges-
chichte zu werfen.
12:21 nachm. · 8. März 2024

All the people who will vote for Trump in November should
keep in mind that this might be their last vote for many many
years.

Alle, die im November für Trump stimmen, sollten bedenken, dass dies für viele, viele Jahre ihre letzte Stimme sein könnte.
12:54 vorm. · 15. März 2024

What about John 2 13-16? I'm quite sure that Trump would have been one of the money-changers. Have a look at how he and his dad and his grandfather made their money. Will you really vote for such a cheat? ... not to mention all the other crimes.
Und was ist mit Johannes 2, 13-16? Ich bin ziemlich sicher, dass Trump einer dieser Geldwechsler gewesen wäre. Sehen Sie sich an, wie er, sein Vater und sein Großvater ihr Geld verdient haben. Werden Sie wirklich für einen solchen Betrüger stimmen? ... ganz zu schweigen von all den anderen Verbrechen.
11:00 vorm. · 16. März 2024

It seems as if Elon Musk decided to support Trump, so I decided never to buy a Tesla. I don't like to give money to someone who supports a wannabe dictator and cheat.
Es scheint, als hätte Elon Musk beschlossen, Trump zu unterstützen, also habe ich beschlossen, nie einen Tesla zu kaufen. Ich gebe nicht gerne Geld an jemanden, der einen Möchtegern-Diktator und Betrüger unterstützt.
3:04 nachm. · 16. März 2024

Trump didn't care about his brother. Why do you think he will care about US citizens who are not useful for him personally?
Trump kümmerte sich nicht um seinen Bruder. Warum sollte er sich Ihrer Meinung nach um US-Bürger kümmern, die ihm persönlich nichts nützen?
8:18 vorm. · 22. März 2024

It seems as if the wanna be dictator and mafia like boss already "bought" the majority of the supreme court. As I mentioned before: There will be many Nawalnys if Trump becomes president again. Just forget about the constitution of the USA. Now it is nothing but garbage.

Es scheint, als hätte der Möchtegern-Diktator und mafiaähnliche Boss bereits die Mehrheit des Obersten Gerichtshofs „gekauft". Wie ich bereits erwähnte: Es wird viele Nawalnys geben, wenn Trump wieder Präsident wird. Vergessen Sie einfach die Verfassung der USA. Jetzt ist sie nichts als Müll.

12:47 vorm. · 4. Juli 2024

"... Trump falsely claimed to have found gold on a plot of land, which allowed him to seize control of some prime estate without actually paying for it. ... Trump never worked his claim but instead built a boarding house." ("The Truth about Trump" by Michael D'Antonio)

"... Trump behauptete fälschlicherweise, er habe auf einem Grundstück Gold gefunden, was es ihm ermöglichte, die Kontrolle über ein erstklassiges Anwesen zu übernehmen, ohne tatsächlich dafür zu bezahlen. ... Trump nutzte seinen Anspruch nie, sondern baute stattdessen ein Bordell." („Die Wahrheit über Trump" von Michael D'Antonio)

8:56 vorm. · 15. Aug. 2024

Fraud seems to be "family business" since the first Trump put his feet on the ground in the USA.

Betrug scheint ein „Familiengeschäft" zu sein, seit der erste Trump in den USA Fuß fasste.

9:26 vorm. · 15. Aug. 2024

Sorry, but which kind of cognitive disorder is Elon Musk suffering on? What he says in these days becomes more and more stupid.

Entschuldigung, aber an welcher kognitiven Störung leidet Elon Musk? Was er heutzutage sagt, wird immer dümmer.

3:38 nachm. · 20. Aug. 2024

That's Trump (301.81 DSM-IV-TR / F60.81 DSM-5):

"Diagnostiv criteria for 301.81 Narcissistic personality disorder

A pervasive pattern of grandiosity (in fantasy or behavior), need for admiration, and lack of empathy. The onset is in early adulthood, and the pattern is evident in a variety of situations: At least 5 of the following criteria must be met:

1. *Has a grandiose sense of self-importance (e.g., exaggerates own achievements and talents, expects to be recognized as superior without commensurate achievements).*

2. *Is highly preoccupied with fantasies of unlimited success, power, splendor, beauty, or ideal love.*

3. *Believes self to be "special" and unique and to be understood or associated only with other special or respected persons (or institutions).*

4. *Demands excessive admiration.*

5. *Displays an entitlement mentality (i.e., excessive expectations of special treatment or automatic compliance with one's own expectations).*

6. *Is exploitative in interpersonal relationships (i.e., takes advantage of others to achieve one's own goals).*

7. *Shows a lack of empathy: Is unwilling to recognize or identify with the feelings and needs of others.*

8. *Is often jealous of others or believes that others are jealous of him/her.*

9. *Displays arrogant, superior behaviors or attitudes."*

8:09 vorm. · 29. Aug. 2024

J.D. Vance in "Hillbilly Elegy": "Public policy can help, but there is no government that can fix these problems for us" (p. 255). Why will he become Vice President at all? I'm sure that he and Trump will not even try to fix any of the working- and middle class problems.

JD Vance in „Hillbilly Elegy": „Die öffentliche Politik kann helfen, aber es gibt keine Regierung, die diese Probleme für uns lösen kann" (S. 255). Warum sollte er überhaupt Vizepräsident werden? Ich bin sicher, dass er und Trump nicht einmal versuchen werden, die Probleme der Arbeiter- und Mittelschicht zu lösen.

8:49 vorm. · 13. Sep. 2024

Elon Musk seems to become Trump's richest parrot. What he posts here on his X reminds me of echolalia.

Elon Musk scheint Trumps reichster Papagei zu werden. Was er hier auf seinem X postet, erinnert mich an Echolalie.

10:08 vorm. · 30. Sep. 2024

Maybe this here is one of the problems of J.D. Vance and at least some of Trump's fans (DSM-IV):

"Diagnostic criteria for 297.3 Shared Psychotic Disorder

    A.   A delusion develops in an individual in the context of a close relationship with another person(s), who has an already-established delusion.

    B.   The delusion is similar in context of that of the person who already has the established delusion.

    C.   The dirsturbance is not better accounted for by another Psychotic Disorder (e.g., Schizophrenia) or a Mood Disorder With Psychotic Features and is not due to the direct physiological effects of a substance (e.g., a drug of abuse, a medication) or a general medical condition."

Vielleicht ist dies hier eines der Probleme von J.D. Vance und zumindest einigen von Trumps Fans (DSM-IV):

„Diagnosekriterien für 297.3 Gemeinsame psychotische Störung

    A.   Ein Wahn entwickelt sich bei einer Person im Rahmen einer engen Beziehung zu einer anderen Person, die bereits einen Wahn hat.

    B.   Der Wahn ist im Kontext dem der Person ähnlich, die bereits den Wahn hat.

    C.   Die Störung kann nicht besser durch eine andere psychotische Störung (z. B. Schizophrenie) oder eine Stimmungsstörung mit psychotischen Merkmalen erklärt werden und ist nicht auf die direkten physiologischen Auswirkungen einer Substanz (z. B. einer Droge, eines Medikaments) oder eines allgemeinen medizinischen Zustands zurückzuführen."

7:57 vorm. · 1. Okt. 2024

Dear voters in the USA, if you don't like immigrants, you shouldn't give your vote to Trump, whose grandpa immigrated to the US (when he was too young) because he didn't like to join the army in Germany. Trump's wife is an immigrant. Elon Musk is an immigrant from South Africa.

Liebe Wähler in den USA, wenn Sie Einwanderer nicht mögen, sollten Sie nicht Trump wählen, dessen Großvater (als er zu jung war) in die USA eingewandert ist, weil er nicht zur Armee in Deutschland gehen wollte. Trumps Frau ist eine Immigrantin. Elon Musk ist ein Einwanderer aus Südafrika.

10:06 nachm. · 8. Okt. 2024

The way of life of the rich people kills more kids all over the world than abortion can ever do.

Der Lebensstil der Reichen tötet weltweit mehr Kinder als Abtreibungen es jemals kann.

8:36 vorm. · 9. Okt. 2024

I never thought that some US voters are stupid enough to think that politicians are able to change the weather. All people together have an impact on the weather by wasting energy. Global warming and climate change are nothing but nature's reaction on mankind's misbehavior.

Ich hätte nie gedacht, dass einige US-Wähler dumm genug sind, zu glauben, Politiker könnten das Wetter ändern. Alle Menschen zusammen beeinflussen das Wetter, indem sie Energie verschwenden. Die globale Erwärmung und der Klimawandel sind nichts anderes als die Reaktion der Natur auf das Fehlverhalten der Menschheit.

12:52 nachm. · 13. Okt. 2024

It seems as if Elon Musk likes to produce "pedestrian killer cars" with very sharp edges. Just have a look at the Cybertruck and the Cybercab.

Es scheint, als würde Elon Musk gerne „Fußgänger-Killerautos" mit sehr scharfen Kanten produzieren. Schauen Sie sich nur den Cybertruck und das Cybercab an.

1:15 nachm. · 13. Okt. 2024

If you wanna live your life like many people in many countries in South America, vote for Trump. I'm sure that it'll reduce the number of migrants, if life in the USA won't be better than in the own corrupt country.

Wenn Sie Ihr Leben wie viele Menschen in vielen Ländern Südamerikas leben möchten, wählen Sie Trump. Ich bin sicher, dass es die Zahl der Migranten verringern wird, wenn das Leben in den USA nicht besser ist als in Ihrem eigenen korrupten Land.

9:05 vorm. · 16. Okt. 2024

Donald Trump needs to understand and accept one simple thing: Elections are not like a deal. Their results are about the same as those of sports events. They will not change by waiting. There's nothing to negotiate. If you lost, you lost. End of discussion. That's democracy!

Donald Trump muss eine einfache Sache verstehen und akzeptieren: Wahlen sind kein Deal. Ihre Ergebnisse sind ungefähr dieselben wie die von Sportereignissen. Sie werden sich nicht ändern, wenn man abwartet. Es gibt nichts zu verhandeln. Wenn man verliert, hat man verloren. Ende der Diskussion. Das ist Demokratie!

10:00 vorm. · 18. Okt. 2024

All those christians who wanna vote for Trump should think about what's written in the Ten Commandments, because Trump seems to think that he is even more than God and some of you seem to bow down to him.

„Exodus 20

The Ten Commandments: 20:1-17

1 Then God spoke all these words:

2 I am the LORD your God, who brought you out of the land of Egypt, out of the house of slavery.3 You shall have no other gods before me. 4 You shall not make for yourself an idol or any likeness of anything in heaven above or on the earth beneath or in the water under the earth. 5 You shall not bow down to them or serve them. For I am the LORD your God, a jealous God, visiting the iniquity of the fathers on the children to the third and fourth generation of those who hate me.

6 But I will show mercy to thousands of those who love me and keep my commandments.

7 You shall not misuse the name of the LORD your God, for the LORD will not hold anyone guiltless who misuses his name.

8 Remember the Sabbath, to keep it holy. 9 Six days you may labor and do all your work. 10 The seventh day is a day of rest to the LORD your God; on it you shall do no work: you, your son, your daughter, your male and female servant, your livestock, or your stranger who is within your gates. 11 For in six days the LORD made heaven and earth, the sea, and all that is in them; and on the seventh day he rested. Therefore the LORD blessed the Sabbath and made it holy.

12 Honor your father and your mother, so that you may live long on the land the LORD your God is giving you.

13 You shall not murder.

14 You shall not commit adultery.

15 You shall not steal.

16 You shall not bear false witness against your neighbor.

17 You shall not covet your neighbor's house. You shall not covet your neighbor's wife, or his male or female slave, or his ox or donkey, or anything that belongs to your neighbor."

Alle Christen, die für Trump stimmen wollen, sollten darüber nachdenken, was in den Zehn Geboten steht, denn Trump scheint zu glauben, er sei mehr als Gott, und einige von Ihnen scheinen sich vor ihm zu verneigen.

„Exodus 20

Die Zehn Gebote: 20,1–17

1 Dann sprach Gott alle diese Worte:

2 Ich bin der HERR, dein Gott, der dich aus dem Land Ägypten geführt hat, aus dem Sklavenhaus. 3 Du sollst neben mir keine anderen Götter haben. 4 Du sollst dir kein Kultbild machen und keine Gestalt von irgendetwas am Himmel droben, auf der Erde unten oder im Wasser unter der Erde. 5 Du sollst dich nicht vor ihnen niederwerfen und ihnen nicht dienen. Denn ich bin der HERR, dein Gott, ein eifersüchtiger Gott: Ich suche die Schuld der Väter an den

Kindern heim, an der dritten und vierten Generation, bei denen, die mich hassen; 6doch ich erweise Tausenden meine Huld bei denen, die mich lieben und meine Gebote bewahren.

7 Du sollst den Namen des HERRN, deines Gottes, nicht missbrauchen; denn der HERR lässt den nicht ungestraft, der seinen Namen missbraucht.

8 Gedenke des Sabbats: Halte ihn heilig! 9Sechs Tage darfst du schaffen und all deine Arbeit tun. 10Der siebte Tag ist ein Ruhetag, dem HERRN, deinem Gott, geweiht. An ihm darfst du keine Arbeit tun: du und dein Sohn und deine Tochter, dein Sklave und deine Sklavin und dein Vieh und dein Fremder in deinen Toren. 11 Denn in sechs Tagen hat der HERR Himmel, Erde und Meer gemacht und alles, was dazugehört; am siebten Tag ruhte er. Darum hat der HERR den Sabbat gesegnet und ihn geheiligt.

12 Ehre deinen Vater und deine Mutter, damit du lange lebst in dem Land, das der HERR, dein Gott, dir gibt!

13 Du sollst nicht töten.

14 Du sollst nicht die Ehe brechen.

15 Du sollst nicht stehlen.

16 Du sollst nicht falsch gegen deinen Nächsten aussagen.

17 Du sollst nicht das Haus deines Nächsten begehren. Du sollst nicht die Frau deines Nächsten begehren, nicht seinen Sklaven oder seine Sklavin, sein Rind oder seinen Esel oder irgendetwas, das deinem Nächsten gehört."

11:34 vorm. · 25. Okt. 2024

If you vote for Trump, you vote for all these people with their weird thoughts who are backing him and who'll make the rules for your future in a then non democratic state. Will that be a great America? I don't think so. It'll be a Russia 2.0.

Wenn Sie Trump wählen, wählen Sie all diese Leute mit ihren seltsamen Gedanken, die ihn unterstützen und die Regeln für Ihre Zukunft in einem dann nicht mehr demokratischen Staat festlegen. Wird das ein großartiges Amerika sein? Ich glaube nicht. Es wird ein Russland 2.0.

11:50 vorm. · 27. Okt. 2024

If you wanna know how the USA will be if Trump becomes president again, just read Orwell's 1984. That gives you an impression on how your future will be. If you don't want it like that, don't vote for Trump!

Wenn Sie wissen möchten, wie die USA aussehen werden, wenn Trump erneut Präsident wird, lesen Sie einfach Orwells 1984. Das gibt Ihnen eine Vorstellung davon, wie Ihre Zukunft aussehen wird. Wenn Sie das nicht wollen, wählen Sie Trump nicht!

11:55 vorm. · 27. Okt. 2024

Wenn Project 2025 nach einem Wahlsieg Trumps umgesetzt würde, kann Europa im Bereich einer konventionellen Abschreckung gegenüber Russland eine Unterstützung durch die USA vergessen. Es gäbe "nur" noch die atomare Abschreckung und zukaufbare Optionen. BSW und AfD wird's freuen.

3:35 nachm. · 28. Okt. 2024

Trump wasn't God. He isn't God and he will never be God. He only feels like one. He's a liar, a fraud and a criminal who should spend the next years in prison but never ever in the White House.

Trump war nicht Gott. Er ist nicht Gott und wird nie Gott sein. Er fühlt sich nur wie einer. Er ist ein Lügner, ein Betrüger und ein Krimineller, der die nächsten Jahre im Gefängnis verbringen sollte, aber niemals im Weißen Haus.

12:07 vorm. · 29. Okt. 2024

Voting for Trump as a non white immigrant is like digging your own grave, because you cannot be sure that he and his guys will let you stay in the US.

Wer als nicht-weißer Einwanderer für Trump stimmt, gräbt sein eigenes Grab, denn er kann sich nicht darauf verlassen, dass er und seine Leute ihn in den USA bleiben lassen.

12:12 vorm. · 29. Okt. 2024

If men are too "proud" because of religion or culture to vote for a woman as president you should think about that the alternative is a liar who is backed by people who prefer the times when slavery was common.

Wenn Männer aufgrund ihrer Religion oder Kultur zu „stolz" *sind, um eine Frau zur Präsidentin zu wählen, sollten Sie bedenken, dass die Alternative ein Lügner ist, der von Leuten unterstützt wird, die die Zeiten, in denen Sklaverei üblich war, vorziehen.*
8:57 vorm. · 29. Okt. 2024

f Trump becomes the next President of the USA, maybe he'll give Alaska to Russia and Hawaii to China as a gift for their support

Wenn Trump der nächste Präsident der USA wird, gibt er Alaska vielleicht Russland und Hawaii China als Geschenk für ihre Unterstützung.
8:29 vorm. · 30. Okt. 2024

If Trump becomes the next President of the USA, there might be an election, but no choice, only yes or no. I'm sure he'd like to have results like other dictators for the rest of his life ... and the rest of the life of other family members ... just the same as in North Korea.

Wenn Trump der nächste Präsident der USA wird, wird es vielleicht Wahlen geben, aber keine Wahl, nur Ja oder Nein. Ich bin sicher, er möchte für den Rest seines Lebens Ergebnisse wie andere Diktatoren erzielen ... und für den Rest des Lebens anderer Familienmitglieder ... genau wie in Nordkorea.
8:33 vorm. · 30. Okt. 2024

If Trump becomes the next President of the USA, the land of dreams will become the land of nightmares.

Wenn Trump der nächste Präsident der USA wird, wird das Land der Träume zum Land der Albträume.
9:39 vorm. · 30. Okt. 2024

Don't let Trump tell you anything about law and order. Always keep in mind: He's a liar, a fraud and a criminal. ... not only since he became president for the first time, but for all his life by now. For him law and order is only for others. He is convinced that he's above law.

Lassen Sie sich von Trump nichts über Recht und Ordnung erzählen. Denken Sie immer daran: Er ist ein Lügner, ein Betrüger und ein Krimineller. ... nicht erst seit er zum ersten Mal Präsident wurde, sondern sein ganzes Leben lang. Recht und Ordnung gelten für ihn nur für andere. Er ist überzeugt, dass er über dem Gesetz steht.

9:58 vorm. · 30. Okt. 2024

To all those who think that things will become cheaper if Trump becomes the next President: Have a look the "Made in" labels. Everything that's not made in USA will cost at least 10% more because of the tariffs he will implement on goods from abroad. Inflation will rise.

An alle, die glauben, dass die Dinge billiger werden, wenn Trump der nächste Präsident wird: Schauen Sie sich die "Made in"-Etiketten an. Alles, was nicht in den USA hergestellt wird, wird aufgrund der Zölle, die er auf Waren aus dem Ausland erheben wird, mindestens 10 % mehr kosten. Die Inflation wird steigen.

10:47 vorm. · 1. Nov. 2024

Do people in the USA who are allowed to vote really believe the stupid things Trump keeps on telling about Germany and German History? It really hurts to listen to all the lies he's spreading.

Glauben die wahlberechtigten Menschen in den USA wirklich den Unsinn, den Trump ständig über Deutschland und die deutsche Geschichte erzählt? Es tut wirklich weh, sich all die Lügen anzuhören, die er verbreitet.

10:46 vorm. · 2. Nov. 2024

Christians in the USA should remember all the important women who are mentioned in the Bible before voting. Trump, the liar and criminal, is evil in person. Do they really think that God wants such an evil person become the most important president in our world? I don't think so!

Christen in den USA sollten sich vor ihrer Wahl an all die wichtigen Frauen erinnern, die in der Bibel erwähnt werden. Trump, der Lügner und Verbrecher, ist das Böse in Person. Glauben sie wirklich, dass Gott will, dass solch eine böse Person der wichtigste Präsident unserer Welt wird? Ich glaube nicht!

11:38 nachm. · 3. Nov. 2024

To all those who think the USA didn't try to calm down the situation in Gaza and the other places where Israel's army keeps on fighting: Read "War" by Bob Woodward!

An alle, die meinen, die USA hätten nicht versucht, die Lage im Gazastreifen und an den anderen Orten, wo die israelische Armee weiterhin kämpft, zu beruhigen: Lesen Sie „War" von Bob Woodward!

9:20 vorm. · 5. Nov. 2024

What will happen if Trump wins and tries to "Make America Great again"? The reputation of the USA (it's not America!) as a world leader will decrease. Prices in the USA will increase because of tariffs. Economic isolation will increase. Moral and humanity will decrease.

Was wird passieren, wenn Trump gewinnt und versucht, „Amerika wieder groß zu machen"? Der Ruf der USA (es ist nicht Amerika!) als Weltmacht wird sinken. Die Preise in den USA werden aufgrund von Zöllen steigen. Die wirtschaftliche Isolation wird zunehmen. Moral und Menschlichkeit werden abnehmen.

9:24 vorm. · 5. Nov. 2024

I don't understand why Christians in the USA vote for Trump. If it's because of abortion, read the bible again. Trump is and will be responsible for the death of more people - people of color and women and kids all around the world - than the numbers of abortions can ever be.

Ich verstehe nicht, warum Christen in den USA Trump wählen. Wenn es wegen der Abtreibung ist, dann lesen Sie die Bibel noch

einmal. Trump ist und wird für den Tod von mehr Menschen ver-
antwortlich sein – farbigen Menschen, Frauen und Kindern auf der
ganzen Welt – als es Abtreibungen jemals geben kann.
9:29 vorm. · 5. Nov. 2024

If you vote for Trump and he really wins, you'll get a leader
who acts like Netanyahu and all the other leaders who are
only looking for their own advantages and who think that the
only way not to be arrested is to become or stay in a leading
political position ... like POTUS.
Wenn Sie für Trump stimmen und er tatsächlich gewinnt, bekom-
men Sie einen Führer, der sich wie Netanjahu und all die anderen
Führer verhält, die nur auf ihren eigenen Vorteil bedacht sind und
die meinen, der einzige Weg, einer Verhaftung zu entgehen, sei,
eine führende politische Position zu erlangen oder in einer zu blei-
ben – wie POTUS.
9:38 vorm. · 5. Nov. 2024

Each vote for Trump shows that these people seem to enjoy
being betrayed and that they accept lies. Each vote for Trump
shows the world that they have no idea what's going on out-
side the US. Why do you vote for someone who'll make rich
people richer and doesn't care about you?
Jede Stimme für Trump zeigt, dass diese Leute es zu genießen schei-
nen, betrogen zu werden, und dass sie Lügen akzeptieren. Jede
Stimme für Trump zeigt der Welt, dass sie keine Ahnung haben,
was außerhalb der USA vor sich geht. Warum wählt man jeman-
den, der reiche Leute noch reicher macht und sich nicht um andere
schert?
9:47 vorm. · 5. Nov. 2024

Republic means "cause of the people" and not "cause of the
Trump family". Today even the name "Republican Party" is a
lie.
Republik bedeutet „Sache des Volkes" und nicht „Sache der Familie
Trump". Heute ist sogar der Name „Republikanische Partei" eine
Lüge.

Trump's politics will be good for a few people like Elon Musk, but not for the majority of the citizens of the USA. Do you really want that for your future ... maybe not only for 4 years?

Trumps Politik wird für einige wenige Menschen wie Elon Musk gut sein, aber nicht für die Mehrheit der Bürger der USA. Wollt ihr das wirklich für eure Zukunft ... vielleicht nicht nur für 4 Jahre?

10:00 vorm. · 5. Nov. 2024

The way of thinking that God only wants men to be political leaders shows that some people's thoughts didn't reach the 21st century, no matter if Christians or Moslems. In the Bible there are tough women and I'm sure that today God trusts more in women than 2000 years ago.

Die Denkweise, dass Gott nur Männer als politische Führer haben will, zeigt, dass die Gedanken mancher Menschen, egal ob Christen oder Moslems, nicht im 21. Jahrhundert angekommen sind. In der Bibel gibt es starke Frauen und ich bin sicher, dass Gott heute mehr Vertrauen in Frauen hat als vor 2000 Jahren.

10:57 vorm. · 5. Nov. 2024

Maybe people who think that a woman shouldn't become President of the United States are still thinking too that God wanted white people to own slaves and treat them worse than animals. Welcome to the year 2024.

Vielleicht glauben Leute, die der Meinung sind, dass eine Frau nicht Präsidentin der Vereinigten Staaten werden sollte, immer noch, dass Gott wollte, dass Weiße Sklaven besitzen und sie schlechter behandeln als Tiere. Willkommen im Jahr 2024.

11:03 vorm. · 5. Nov. 2024

Now I need to find flights from FRA to YVR without any stop in the US. After Trump won I don't wanna enter the USA as long as he or other MAGA guys will be POTUS. Bye bye USA ...

Jetzt muss ich Flüge von FRA nach YVR ohne Zwischenstopp in den USA finden. Nachdem Trump gewonnen hat, will ich nicht mehr in die USA einreisen, solange er oder andere MAGA-Typen Präsident sind. Tschüss USA ...
8:38 vorm. · 6. Nov. 2024

81 % of the Germans don't want him. Do you know the story about his grandpa? He tried to return to Germany but they send him back to the USA.
81 % der Deutschen wollen ihn (Trump) nicht. Kennen Sie die Geschichte seines Großvaters? Er versuchte, nach Deutschland zurückzukehren, wurde aber in die USA zurückgeschickt.
7:42 vorm. · 9. Nov. 2024

Using Elon Musk's Starlink for transmitting results of the election is a very bad joke. The only way to make it worse would be the use of Russian servers. But maybe Starlink is the reason why Trump could say that he has enough votes long before the election day.
Dass Elon Musks Starlink zur Übermittlung der Wahlergebnisse genutzt wird, ist ein schlechter Witz. Noch schlimmer wäre es nur, wenn russische Server zum Einsatz gekommen wären. Aber vielleicht ist Starlink ja der Grund, warum Trump schon lange vor dem Wahltag sagen konnte, er habe genug Stimmen.
8:28 vorm. · 11. Nov. 2024

Lieber in den Augen von Elon Musk ein Narr sein, als ein empathieloser egoistischer Typ, der glaubt, mit Geld könne man alles kaufen. Der gebürtige Südafrikaner will wohl Trump u.a. dabei helfen, einige Länder noch früher in den Ozeanen versinken zu lassen.
2:26 nachm. · 11. Nov. 2024

What do you think will happen if tariffs for products from Mexico will be implemented? Many products of American Companies will become more expensive. More unemployment in Mexico. More migrants. More bankruptcies in the US ... and more unemployment in the US. A very good idea!

Was glauben Sie, wird passieren, wenn Zölle auf Produkte aus Mexiko eingeführt werden? Viele Produkte amerikanischer Unternehmen werden teurer. Mehr Arbeitslosigkeit in Mexiko. Mehr Migranten. Mehr Insolvenzen in den USA ... und mehr Arbeitslosigkeit in den USA. Eine sehr gute Idee!

2:33 nachm. · 11. Nov. 2024

Who knows it there are enough bridges in the USA as shelter for all the people who'll lose their job because of Trump's and Musk's tariffs and deportations.

Wer weiß, vielleicht gibt es in den USA genügend Brücken, die all den Menschen Schutz bieten könnten, die aufgrund der Zölle und Abschiebungen von Trump und Musk ihren Job verlieren.

8:49 vorm. · 12. Nov. 2024

It's impossible to run a country like a company. You cannot "fire" citizens. You have to support even the people you like least.

Es ist unmöglich, ein Land wie ein Unternehmen zu führen. Man kann seine Bürger nicht „entlassen". Man muss sogar die Menschen unterstützen, die man am wenigsten mag.

8:52 vorm. · 12. Nov. 2024

Trump and his guys should think about that they might deport people who are allowed to be elected as POTUS ... something Elon Musk will never be able to become ... except they'll change the constituition. OK ... who cares about the constitution anymore.

Trump und seine Leute sollten darüber nachdenken, dass sie Leute abschieben könnten, die zum Präsidenten gewählt werden dürfen ... etwas, das Elon Musk niemals werden kann ... außer sie ändern die Verfassung. OK ... wen interessiert die Verfassung noch?

8:56 vorm. · 12. Nov. 2024

Maybe that German "fool" called Habeck once holds a mirror in front of Elon Musk's nose for to show Elon how ugly, selfish and misanthropic he is in reality, something you cannot change with any amount of money.

Vielleicht hält dieser deutsche „Dummkopf" namens Habeck Elon Musk einmal einen Spiegel vor die Nase, um ihm zu zeigen, wie hässlich, egoistisch und menschenfeindlich er in Wirklichkeit ist, etwas, das man mit keinem Geld der Welt ändern kann.

9:02 vorm. · 12. Nov. 2024

How many votes could Starlink have "lost" in the vastness of space? A few hundred, a few thousand, some million?

Wie viele Stimmen könnte Starlink in den Weiten des Weltalls „verloren" haben? Ein paar Hundert, ein paar Tausend, einige Millionen?

9:14 vorm. · 12. Nov. 2024

I hope that the people in the USA will keep in mind who'll be responsible for increasing unemployment and increasing inflation for at least the next 4 years. It's not the Democrats, but Trump and Elon Musk.

Ich hoffe, dass die Menschen in den USA sich vor Augen halten, wer für die steigende Arbeitslosigkeit und die steigende Inflation zumindest in den nächsten vier Jahren verantwortlich sein wird. Es sind nicht die Demokraten, sondern Trump und Elon Musk.

11:16 vorm. · 13. Nov. 2024

The reason why Elon Musk supports Trump? It's easy to buy Trump. It doesn't matter to Trump where the money comes from. It was Russian money which saves him from bankruptcy. It was Musk's money and X and Starlink that made him president. Both never spent money without reason.

Der Grund, warum Elon Musk Trump unterstützt? Trump ist leicht zu kaufen. Woher das Geld kommt, ist Trump egal. Es war russisches Geld, das ihn vor dem Bankrott rettete. Es waren Musks Geld und X und Starlink, die ihn zum Präsidenten machten. Beide haben nie grundlos Geld ausgegeben.

Dear Elon Musk, please go to Mars as soon as possible! You are not the president of the US and never will be, Your advices will ruin the lifes of too many people all over the world. Create your "kingdom" on another planet far away from this earth. Leave us alone and shut up!

Lieber Elon Musk, bitte fliegen Sie so schnell wie möglich zum Mars! Sie sind nicht der Präsident der USA und werden es auch nie sein. Ihre Ratschläge werden das Leben von zu vielen Menschen auf der ganzen Welt ruinieren. Errichten Sie Ihr „Königreich" auf einem anderen Planeten, weit weg von dieser Erde. Lassen Sie uns in Ruhe und halten Sie den Mund!

10:49 vorm. · 20. Dez. 2024

Maybe Trump needs Elon Musk's money for to pay Putin to remove his troops from Ukraine. As corrupt as Putin and his guys are it might work ... and like that Trump appears like a peacemaker.

Vielleicht braucht Trump das Geld von Elon Musk, um Putin für den Abzug seiner Truppen aus der Ukraine zu bezahlen. Angesichts der Korruption Putins und seiner Leute könnte das funktionieren ... und so wirkt Trump wie ein Friedensstifter.

11:27 vorm. · 21. Dez. 2024

If Elon Musk keeps on supporting parties which are spreading hate against migrants he should fire all migrants who are working in his companies all around the world for to increase his wealth by working for wages that are too low.

Wenn Elon Musk weiterhin Parteien unterstützt, die Hass gegen Migranten verbreiten, sollte er alle Migranten, die in seinen Unternehmen auf der ganzen Welt arbeiten, um seinen Reichtum durch die Arbeit für zu niedrige Löhne zu mehren, entlassen.

11:35 vorm. · 29. Dez. 2024

Elon Musk should never forget that he's a migrant too. Why should he be allowed to stay in the USA while he and Trump wanna force other migrants to leave? He doesn't even pay enough taxes.

Elon Musk sollte nie vergessen, dass auch er ein Migrant ist. Warum sollte er in den USA bleiben dürfen, während er und Trump andere Migranten zur Ausreise zwingen wollen? Er zahlt nicht einmal genug Steuern.

11:43 vorm. · 29. Dez. 2024

One serious advice to Elon Musk: SHUT UP ! You shouldn't post about things you don't know anything about. Steinmeier doesn't have the power to be a tyrant and he's much more democratic than you and Trump are. You and your President are the ones who don't wanna share power.

Ein ernster Rat an Elon Musk: HALT DEN MUND! Poste nichts über Dinge, von denen du keine Ahnung hast. Steinmeier hat nicht die Macht, ein Tyrann zu sein, und er ist viel demokratischer als du und Trump. Du und dein Präsident seid diejenigen, die Macht nicht teilen wollen.

2:28 nachm. · 2. Jan. 2025

One advice to all the people who wanna buy an electric car: NEVER EVER BUY A TESLA ! Don't make someone who thinks he can buy everything and everyone richer than he already is.

Ein Ratschlag an alle, die ein Elektroauto kaufen möchten: KAUFEN SIE NIEMALS EINEN TESLA! Machen Sie jemanden, der glaubt, er könne sich alles und jeden leisten, nicht noch reicher, als er ohnehin schon ist.

2:31 nachm. · 2. Jan. 2025

Elon Musk should think about one important thing: He's not elected by anybody. What he wants to happen will only help himself and not the majority of citizens of the USA.

Elon Musk sollte über eines nachdenken: Er wurde von niemandem gewählt. Was er will, hilft nur ihm selbst und nicht der Mehrheit der Bürger der USA.

3:12 nachm. · 2. Jan. 2025

Es gibt den Artikel 5 des Washingtoner Vertrags der NATO. Was wäre, wenn Trump versuchen sollte, Grönland mit militärischer Gewalt an sich zu reißen? Wäre das nicht ein Angriff auf Dänemark, der den Bündnisfall auslösen würde? Müsste dann die US-Armee gegen sich selbst kämpfen?
9:52 vorm. · 8. Jan. 2025

If the US want to remain one of the "good" countries, Trump first has to accept the existence and inviolability of international borders. His statements on Greenland, Panama and Canada let him appear more like an uncontrollable monster than like a leader of democratic country.
Wollen die USA weiterhin zu den „guten" Ländern gehören, muss Trump zunächst die Existenz und Unverletzlichkeit internationaler Grenzen akzeptieren. Seine Äußerungen zu Grönland, Panama und Kanada lassen ihn eher wie ein unkontrollierbares Monster erscheinen als wie den Führer eines demokratischen Landes.
10:17 vorm. · 8. Jan. 2025

... and a quick reminder: NEVER EVER BUY A TESLA !
... und eine kurze Erinnerung: KAUFEN SIE NIEMALS EINEN TESLA!
10:24 vorm. · 8. Jan. 2025

What would happen if all NATO countries increased their military spending to Trump's 5%? The USA would become useless as a "protective power". The USA would isolate itself, Europe would become much stronger and more independent. Trump is making America small, not great.
Was würde passieren, wenn alle NATO-Staaten ihre Militärausgaben auf Trumps 5% erhöhen würden? Die USA wären als „Schutzmacht" nutzlos. Sie würden sich isolieren, Europa würde deutlich stärker und unabhängiger. Trump macht Amerika klein, nicht groß.
8:46 vorm. · 9. Jan. 2025

It seems as if Trump doesn't know that there are 10 provinces and 3 territories north of the USA and not just one Canada. It's horrible that someone like him is the next PotUS.

Es scheint, als wüsste Trump nicht, dass es im Norden der USA zehn Provinzen und drei Territorien gibt und nicht nur ein Kanada. Es ist schrecklich, dass jemand wie er der nächste Präsident der USA ist.

8:50 vorm. · 9. Jan. 2025

Everything that Trump and Musk do is never a big deal but always a big steal. Their own ideas are just weird and dangerous.

Alles, was Trump und Musk tun, ist nie eine große Sache, sondern immer ein großer Diebstahl. Ihre eigenen Ideen sind einfach nur seltsam und gefährlich.

9:11 vorm. · 9. Jan. 2025

Watch "Bowling for Columbine" by Michael Moore and you'll see that there won't be any reason for Canadians to like becoming part of the US. ... especially not after so many people in the US elected a criminal for president.

Sehen Sie sich „Bowling for Columbine" von Michael Moore an, und Sie werden erkennen, dass es für die Kanadier keinen Grund gibt, gern Teil der USA zu werden. ... vor allem nicht, nachdem so viele Menschen in den USA einen Kriminellen zum Präsidenten gewählt haben.

8:01 vorm. · 13. Jan. 2025

It would be better if the Republicans rename themselves to Restrumpians. They are only doing what's best for Trump and not what's best for the public. I really hope that the world will survive the following 4 years.

Es wäre besser, wenn sich die Republikaner in „Restrumpians" umbenennen würden. Sie tun nur das Beste für Trump und nicht das Beste für die Öffentlichkeit. Ich hoffe wirklich, dass die Welt die nächsten vier Jahre übersteht.

11:06 vorm. · 18. Jan. 2025

Taking out all the oil and gas right now means that there'll be nothing left for following generations. That's why renewables are very important.

Wenn wir jetzt alle Öl- und Gasvorkommen abschalten, bleibt für die kommenden Generationen nichts mehr übrig. Deshalb sind erneuerbare Energien so wichtig.

11:09 vorm. · 18. Jan. 2025

The Trumpy Horror Picture Show just began ... with even more lies.

Die Trumpy Horror Picture Show hat gerade begonnen ... mit noch mehr Lügen.

8:06 vorm. · 21. Jan. 2025

Trump and his rich gang should think about building their own canal along the Mexican border instead of building a wall. That would be a project of historic dimensions.

Trump und seine reiche Clique sollten darüber nachdenken, einen eigenen Kanal entlang der mexikanischen Grenze zu bauen, anstatt eine Mauer zu errichten. Das wäre ein Projekt von historischem Ausmaß.

8:09 vorm. · 21. Jan. 2025

.. thanks Trump forget about law and order in the US. What else can someone expect by a felon than pardon other felons.

... dank Trump, vergessen Sie Recht und Ordnung in den USA. Was kann man von einem Schwerverbrecher anderes erwarten, als die Begnadigung anderer Schwerverbrecher.

11:46 vorm. · 21. Jan. 2025

Trump's US should be covered by a cheese dome so that its pollution won't spread over the whole world.

Trumps USA sollten mit einer Käseglocke überzogen werden, damit sich deren Verschmutzung nicht über die ganze Welt ausbreitet.

9:48 vorm. · 22. Jan. 2025

I hope that Germany won't be forced to take Trump back because his grandpa was an illegal immigrant.

Ich hoffe, dass Deutschland nicht gezwungen sein wird, Trump zurückzunehmen, nur weil sein Großvater ein illegaler Einwanderer war.

9:50 vorm. · 22. Jan. 2025

Why should Europeans buy cars made in USA ? Most of them are too big and too thirsty. ... and forget about their quality. Trump should think about why rental car companies in the US offer cars made in Japan or Korea most of the time before blaming Europeans for not buying them.

Warum sollten Europäer Autos aus den USA kaufen? Die meisten sind zu groß und zu sparsam. ... und die Qualität ist völlig egal. Trump sollte darüber nachdenken, warum Autovermietungen in den USA meist Autos aus Japan oder Korea anbieten, bevor er Europäern vorwirft, sie nicht zu kaufen.

4:11 nachm. · 22. Jan. 2025

Trump and his rich guys should keep in mind Matthew 19:21. They won't give anything to the poor. They do everything to increase their wealth, take away from the poor and destroy the environment. Do they really think that'll be allowed to "enter the kingdom of heaven" like that?

Trump und seine reichen Leute sollten Matthäus 19,21 im Hinterkopf behalten. Sie geben den Armen nichts. Sie tun alles, um ihren Reichtum zu mehren, nehmen den Armen etwas weg und zerstören die Umwelt. Glauben sie wirklich, dass sie so ins Himmelreich kommen dürfen?

3:23 nachm. · 23. Jan. 2025

Trump's "drill, baby, drill" means nothing else but "kill, baby, kill". This old man and his rich guys are sacrificing the basis of life for future generations for increasing their own wealth. They don't care about the majority of US citizens at all.

Trumps „Bohren, Baby, Bohren" bedeutet nichts anderes als „Töten, Baby, Töten". Dieser alte Mann und seine reichen Leute opfern

die Lebensgrundlagen zukünftiger Generationen, um ihren eigenen Reichtum zu mehren. Die Mehrheit der US-Bürger ist ihnen völlig egal.
7:13 vorm. · 24. Jan. 2025

All these MAGAs should think about on which side Jesus would be in these days. You'll find the answer in the Bible. ... and I don't think that they'll find Trump on that list.
Alle diese MAGAs sollten darüber nachdenken, auf welcher Seite Jesus heutzutage stehen würde. Die Antwort findet ihr in der Bibel. ... und ich glaube nicht, dass sie Trump auf dieser Liste finden werden.
7:16 vorm. · 24. Jan. 2025

Orwell's 1984 is now in the USA. They - especially Trump and Musk - try to delete historic events. They change the meaning of words to their opposite. It's just like the work of the "Ministry of Truth".
Orwells 1984 ist nun in den USA angekommen. Sie – insbesondere Trump und Musk – versuchen, historische Ereignisse auszulöschen. Sie verdrehen die Bedeutung von Worten ins Gegenteil. Es ist genau wie die Arbeit des „Ministeriums für Wahrheit".
9:34 vorm. · 26. Jan. 2025

I'm quite sure that the US will end up with a dysfunctional government after 4 years of Trump and Musk because they try to run a country like a company, which is impossible. A government has to improve the life of the weakest citizens and not those of the richest.
Ich bin mir ziemlich sicher, dass die USA nach vier Jahren Trump und Musk eine dysfunktionale Regierung haben werden, weil sie versuchen, das Land wie ein Unternehmen zu führen, was unmöglich ist. Eine Regierung muss das Leben der schwächsten Bürger verbessern, nicht das der reichsten.
11:15 vorm. · 26. Jan. 2025

Maybe Trump and Musk change the US economy the way Milton Friedman taught in Chicago. His ideas didn't work in

South America, so why should it in the US? Maybe it takes a little bit longer to ruin economy and society.

Vielleicht verändern Trump und Musk die US-Wirtschaft, wie Milton Friedman es in Chicago gelehrt hat. Seine Ideen funktionierten in Südamerika nicht, warum also in den USA? Vielleicht dauert es etwas länger, Wirtschaft und Gesellschaft zu ruinieren.
11:33 vorm. · 26. Jan. 2025

It's so stupid: The most important men in the US government are TV-guys now. Are they really qualified to make decisions about war and peace? I don't think so. They'll make their decisions by thinking about what makes them look best on TV ... if they are able to think at all.

Es ist so dumm: Die wichtigsten Männer in der US-Regierung sind jetzt Fernsehleute. Sind sie wirklich qualifiziert, über Krieg und Frieden zu entscheiden? Ich glaube nicht. Sie werden ihre Entscheidungen treffen, indem sie darüber nachdenken, wie sie im Fernsehen am besten aussehen – wenn sie überhaupt denken können.
10:31 vorm. · 27. Jan. 2025

It's really painful to see how ignorant Triumph is of everything concerning environmental protection. The only explanations for this could be his age, his lack of empathy and his extreme ego. He doesn't care at all about the problems he is burdening future generations with.

Es ist wirklich schmerzhaft zu sehen, wie ignorant Triumph in Sachen Umweltschutz ist. Die einzigen Erklärungen dafür könnten sein Alter, sein mangelndes Einfühlungsvermögen und sein extremes Ego sein. Die Probleme, die er zukünftigen Generationen aufbürdet, sind ihm völlig egal.
9:38 vorm. · 31. Jan. 2025

Can you explain to me what's your problem with DEI, especially with equity and inclusion?

Können Sie mir erklären, was Ihr Problem mit DEI ist, insbesondere mit Gerechtigkeit und Inklusion?
9:52 vorm. · 31. Jan. 2025

If "Make America Great Again" means that that reckless behaviour let hatred grow all over the world ... good luck. There will be countries where US citizens shouldn't expect a warm welcome anymore.

Wenn „Make America Great Again" bedeutet, dass dieses rücksichtslose Verhalten Hass auf der ganzen Welt wachsen lässt ... viel Glück. Es wird Länder geben, in denen US-Bürger keinen herzlichen Empfang mehr erwarten können.

10:15 vorm. · 5. Feb. 2025

Trump's plan on Gaza shows that he wants to follow a family tradition: Build something on land he doesn't own with tax payers' money. His Gaza idea is just a preparation for the years following his presidency.

Trumps Gaza-Plan zeigt, dass er einer Familientradition folgen will: Mit Steuergeldern etwas auf fremdem Land zu bauen. Seine Gaza-Idee ist lediglich eine Vorbereitung für die Jahre nach seiner Präsidentschaft.

8:24 vorm. · 6. Feb. 2025

Trump and Musk will make America as great as North Korea ... and isolated and hated.

Trump und Musk werden Amerika so groß wie Nordkorea machen ... und gleichzeitig isoliert und gehasst.

8:28 vorm. · 6. Feb. 2025

It seems as if Elon Musk doesn't know anything about German history. The AfD is nothing but a "modern" version of the party which was responsible for WW2 and all that killing.

Es scheint, als wüsste Elon Musk nichts über die deutsche Geschichte. Die AfD ist nichts weiter als eine „moderne" Version der Partei, die für den Zweiten Weltkrieg und all das Töten verantwortlich war.

12:20 nachm. · 11. Feb. 2025

Maybe Trump's tariffs will make the US much less important and many other countries more independent.

Vielleicht werden Trumps Zölle die USA deutlich weniger wichtig und viele andere Länder unabhängiger machen.

12:56 nachm. · 11. Feb. 2025

Trump should act like a president and not like a real estate guy. But I think he'll never learn ...

Trump sollte sich wie ein Präsident verhalten und nicht wie ein Immobilienmakler. Aber ich glaube, er wird es nie lernen ...

1:13 nachm. · 11. Feb. 2025

These "Show Christians" in the USA will not bring peace to the world but even more hatred and war.

Diese „Show-Christen" in den USA werden der Welt keinen Frieden bringen, sondern noch mehr Hass und Krieg.

7:08 vorm. · 13. Feb. 2025

If you wanna do changes to the world map, delete the "U" from USA, because it's just losing its relevance in these days.

Wenn Sie Änderungen an der Weltkarte vornehmen möchten, löschen Sie das „U" aus USA, da es heutzutage einfach an Bedeutung verliert.

7:10 vorm. · 13. Feb. 2025

Real christian will never be able to become as rich as Elon Musk or Donald Trump because they would share their wealth with the poor.

Echte Christen werden niemals so reich werden können wie Elon Musk oder Donald Trump, weil sie ihren Reichtum mit den Armen teilen würden.

7:28 vorm. · 13. Feb. 2025

I really hope that Canada will not become the Ukraine of North America.

Ich hoffe wirklich, dass Kanada nicht zur Ukraine Nordamerikas wird.

The U.S. become more and more the enemy within the NATO.

Die USA werden innerhalb der NATO immer mehr zum Feind.

8:27 vorm. · 14. Feb. 2025

It seems to be time to say goodbye to the USA as (one of the) world leaders and trading partners. The world should actually be big enough to be able to do without it.

Es scheint an der Zeit, sich von den USA als einem der führenden Weltmächte und Handelspartner zu verabschieden. Eigentlich sollte die Welt groß genug sein, um ohne sie auszukommen.

8:37 vorm. · 14. Feb. 2025

A country whose government is based on lies, hatred, ignorance, disregard for the law and lack of empathy shouldn't try to give any advises regarding freedom of speech to other countries ... or in short: Shut up USA !

Ein Land, dessen Regierung auf Lügen, Hass, Ignoranz, Missachtung des Gesetzes und mangelnder Empathie basiert, sollte nicht versuchen, anderen Ländern Ratschläge zur Meinungsfreiheit zu geben ... oder kurz gesagt: Halt die Klappe, USA!

11:15 nachm. · 14. Feb. 2025

Maybe Trump and Musk also want to ban unions to make America great again.

Vielleicht wollen Trump und Musk auch Gewerkschaften verbieten, um Amerika wieder groß zu machen.

11:21 nachm. · 14. Feb. 2025

Someone who accepts the results of an election only if he wins should never try to tell others something about democracy. Btw: An Electoral College isn't a democratic way to respect the votes of the people.

Wer das Ergebnis einer Wahl nur im Falle eines Wahlsiegs akzeptiert, sollte niemals versuchen, anderen etwas über Demokratie zu

erzählen. Übrigens: Ein Wahlmännerkollegium ist keine demokra-
tische Methode, die Stimmen des Volkes zu respektieren.
8:57 vorm. · 15. Feb. 2025

Spätestens bei seinem Besuch in Dachau hätte JD Vance kapieren müssen, dass man mit einer Partei wie der AfD nicht
zusammenarbeiten darf. Aber er ist ja - wie leider zu viele -
auf dem rechten Auge völlig blind.
9:08 vorm. · 15. Feb. 2025

Der Vizepräsident eines Landes, in dem Wahlkreiszuschnitte
immer wieder verändert werden, damit es zu den von den
jeweils regierenden Parteien gewünschten Mehrheiten
kommt, sollte sich nicht anmaßen, anderen Ländern Demokratie erklären zu wollen.
9:24 vorm. · 16. Feb. 2025

Der Vizepräsident eines Landes, in dem Wahlmännerstim-
men relevant sind, nicht aber die absoluten Wählerstimmen,
sollte nicht anderen Ländern die Zerstörung der Demokratie
vorwerfen.
9:28 vorm. · 16. Feb. 2025

Der Vizepräsident eines Landes, in dem per Verfassung über
Jahrzehnte die Stimmen Nicht-Weißer geringer gewichtet
wurden, sollte keine anderen demokratischen Staat verurtei-
len.
9:31 vorm. · 16. Feb. 2025

Der Vizepräsident eines Landes, in dem der als Verbrecher
verurteilte Präsident ein Dekret erlässt, mit dem die Verwendung des Begriffs "Verbrecher" in seinem Amtssitz quasi ver-
boten wird, sollte keinem anderen Staat mangelnde Meinungsfreiheit vorwerfen.
9:34 vorm. · 16. Feb. 2025
Der Vizepräsident eines Landes, in dem eine große Zahl seiner Bürger keine Ahnung von der europäischen Geschichte

hat (ja, manche wissen immer noch nicht, dass Deutschland nach dem 2. Weltkrieg geteilt war), sollte sich besser nicht in den deutschen Wahlkampf einmischen.

9:38 vorm. · 16. Feb. 2025

What do you think: How many people could survive thanks to USAID for the taxpayers' money it takes to let Trump spend his weekend on his own property in Florida? Every weekend down there increases his wealth and kills people.

Was meinen Sie: Wie viele Menschen könnten dank der Steuergelder, die Trump für sein Wochenende auf seinem Anwesen in Florida spendet, überleben? Jedes Wochenende dort steigert seinen Reichtum und tötet Menschen.

9:45 vorm. · 16. Feb. 2025

Be aware of the number of Tesla's Superchargers. The more there are in your country the higher is the risk of a US invasion.

Achten Sie auf die Anzahl der Tesla-Supercharger. Je mehr es in Ihrem Land gibt, desto höher ist das Risiko einer US-Invasion.

9:54 vorm. · 16. Feb. 2025

Here in X it seems as if freedom of speech and/or freedom of opinion means nothing but spreading lies.

Hier in X scheint es, als ob Rede- und/oder Meinungsfreiheit nichts anderes bedeutet, als Lügen zu verbreiten.

7:32 vorm. · 19. Feb. 2025

Freedom of speech means that it's legal to call a war war and a felon felon, no matter where and when ... unlike in Russia and in the USA.

Meinungsfreiheit bedeutet, dass es legal ist, einen Krieg Krieg und einen Schwerverbrecher Schwerverbrecher zu nennen, egal wo und wann ... anders als in Russland und in den USA.

7:39 vorm. · 19. Feb. 2025

The only qualifications you need for to get a job in the Trump administration (a single one is sufficient):
- be a billionaire
- be a TV star
- long blond hair
- don't use your own brain
- believe in everything Trump says, no matter how weird or stupid it is
Die einzigen Qualifikationen, die Sie für einen Job in der Trump-Administration benötigen (eine einzige ist ausreichend):
- *ein Milliardär sein*
- *ein Fernsehstar sein*
- *lange blonde Haare*
- *benutze nicht dein eigenes Gehirn*
- *glauben Sie an alles, was Trump sagt, egal wie seltsam oder dumm es ist*
11:00 vorm. · 21. Feb. 2025

JD Vance und Trump suchen anscheinend verzweifelt nach Möglichkeiten, NATO und EU so zerschlagen zu können, dass es nicht so aussieht, als wäre es ihre Schuld. Erst waren es zu niedrige Verteidigungsausgaben, aktuell muss wohl eine angeblich fehlende Meinungsfreiheit herhalten.
9:05 vorm. · 22. Feb. 2025

Donald Trump seems to be the Golden Calf of today's US' christians.
Donald Trump scheint das goldene Kalb der heutigen US-Christen zu sein.
9:58 vorm. · 22. Feb. 2025

Elon Musk needs to learn that not only the president is elected by the people. He should have a look at the constitution before telling such a nonsense. Maybe he as a native South African never read it.
Elon Musk muss lernen, dass nicht nur der Präsident vom Volk gewählt wird. Er sollte sich die Verfassung einmal ansehen, bevor

er solchen Unsinn erzählt. Vielleicht hat er sie als gebürtiger Süd-
afrikaner nie gelesen.
4:33 nachm. · 22. Feb. 2025

People who don't care about the constitution of their own
country shouldn't say that there's a lack of freedom of speech
in Germany. Only listening to the AfD will never tell you anything about real life in Germany. Some of them are liars and
felons ... just like Donald Trump.

Wer sich nicht um die Verfassung seines Landes schert, sollte nicht
behaupten, es mangele an Meinungsfreiheit in Deutschland. Nur
der AfD zuzuhören, wird nie etwas über das wahre Leben in
Deutschland aussagen. Manche von ihnen sind Lügner und
Schwerverbrecher – genau wie Donald Trump.
9:50 nachm. · 22. Feb. 2025

Kein Trump wird Amerika wieder groß machen und kein
Rechter Populist irgendwo sonst. Deren Politik führt zur Isolation der so regierten Länder, was besonders für das export-
abhängige Deutschland fatal wäre. Daher bloß nie AfD wählen, denn deren Politik bringt den Untergang.
8:20 vorm. · 23. Feb. 2025

Elon Musk isn't better than any drug dealer on the streets.
The only difference is the "product" ... just have a look at starlink. Give it away for free to make people depend on it and
shut it down if the customers don't do what its owner want
them to do.

Elon Musk ist nicht besser als jeder Drogendealer auf der Straße.
Der einzige Unterschied ist das „Produkt" ... schau dir einfach
Starlink an. Verschenke es kostenlos, um die Leute abhängig zu ma-
chen, und schalte es ab, wenn die Kunden nicht tun, was der Besit-
zer von ihnen will do.
9:01 vorm. · 23. Feb. 2025

Freedom of speech? Isn't Elon Musk's X algorithm always deciding which posts are "supported" and which will never be shown? So don't blame other counties!

Meinungsfreiheit? Entscheidet nicht Elon Musks X-Algorithmus ständig darüber, welche Beiträge „unterstützt" werden und welche nie angezeigt werden? Also nicht anderen Ländern die Schuld geben!

8:39 vorm. · 23. Feb. 2025

What if the delivery of all the goods to the USA were delayed for some days. Maybe that would give an impression to Trump and his MAGA guys how much the US depend on import.

Was wäre, wenn sich die Lieferung aller Waren in die USA um einige Tage verzögern würde? Vielleicht würde das Trump und seinen MAGA-Leuten einen Eindruck davon vermitteln, wie sehr die USA von Importen abhängig sind.

9:15 vorm. · 23. Feb. 2025

Today the internet - especially X - finally killed truth and trust. RIP

Heute hat das Internet – insbesondere X – Wahrheit und Vertrauen endgültig zerstört. Ruhe in Frieden.

10:20 vorm. · 23. Feb. 2025

Es ist schon bemerkenswert, dass selbst führende GOP Politiker in den USA zu dumm sind, eine Geburtsurkunde zu lesen. Und solche Leute versuchen dann, Deutsche in die Arme der AfD zu treiben. Einfach nur gruselig.

5:32 nachm. · 23. Feb. 2025

If a Presidential order is illegal it has to be blocked by a judge. No President is allowed to break the existing law. That's the way democracy works. Judges don't work for a President. They do their job for law and order.

Ist ein Präsidentenerlass illegal, muss er von einem Richter aufgehoben werden. Kein Präsident darf gegen geltendes Recht

verstoßen. So funktioniert Demokratie. Richter arbeiten nicht für
den Präsidenten. Sie sorgen für Recht und Ordnung.
8:42 vorm. · 26. Feb. 2025

Trump isn't the king of the U.S., he just behaves as one.
What's going on over there has nothing to do with democracy
anymore. ... and don't tell others something about freedom of
speech. There is none in your own country anymore.
Trump ist nicht der König der USA, er benimmt sich nur wie einer.
Was dort vor sich geht, hat nichts mehr mit Demokratie zu tun. ...
und erzähl anderen nichts von Meinungsfreiheit. In deinem eige-
nen Land gibt es keine mehr.
11:14 vorm. · 28. Feb. 2025

It's so weird that many people in the US seem to be to blind
to see that Trump and Musk keep on supporting the only
German party Nazis are voting for.
Es ist so seltsam, dass viele Menschen in den USA zu blind zu sein
scheinen, um zu sehen, dass Trump und Musk weiterhin die einzige
deutsche Partei unterstützen, die die Nazis wählen.
8:17 vorm. · 3. März 2025

Tesla factories are in the Netherlands, China, Germany and
Mexico. Elon Musk never built them for to make "America
great again" but for to increase his profit. He wants to be the
unelected leader of the world. He wants dysfunctional gov-
ernments everywhere, starting with the US.
Tesla-Fabriken gibt es in den Niederlanden, China, Deutschland
und Mexiko. Elon Musk baute sie nicht, um „Amerika wieder groß
zu machen“, sondern um seinen Profit zu steigern. Er will der un-
gewählte Anführer der Welt sein. Er will überall dysfunktionale
Regierungen, angefangen bei den USA.
8:54 vorm. · 3. März 2025

Now it's really time to say goodbye to the USA. It once was a
partner you could rely on, but since Trump came back to of-
fice it's over. He's bringing everything to the world that

makes it a much worse place to live in. Remember: You cannot eat or drink or breathe money!

Jetzt ist es wirklich an der Zeit, sich von den USA zu verabschieden. Sie waren einst ein verlässlicher Partner, doch seit Trumps Rückkehr ist Schluss damit. Er bringt alles in die Welt, was das Leben dort deutlich erschwert. Denkt daran: Geld kann man nicht essen, trinken oder atmen!

9:08 vorm. · 4. März 2025

Giving the Nobel Peace Prize to Trump would be a slap in the face of all those who won it by now. He's not bringing peace to the world but more and more trouble. He's not protecting international law and order. He's acting like a don. Ok ... what else can you expect by a felon.

Trump den Friedensnobelpreis zu verleihen, wäre ein Schlag ins Gesicht aller, die ihn bisher erhalten haben. Er bringt keinen Frieden in die Welt, sondern immer mehr Ärger. Er schützt nicht die internationale Ordnung. Er benimmt sich wie ein Maffiaboss. Ok ... was kann man von einem Schwerverbrecher auch anderes erwarten.

9:35 vorm. · 4. März 2025

There's one thing for sure: Trump and Vance and Musk will never ever do anything to protect the USA if it's not for their own benefit.

Eines ist sicher: Trump, Vance und Musk werden niemals etwas zum Schutz der USA tun, wenn es nicht zu ihrem eigenen Vorteil ist.

9:42 vorm. · 4. März 2025

Trump fans will never get it: He is and will always be Russia's puppet and Putin's parrot. Some years ago Trump survived economically only by Russian money ... and he seems to show his gratitude now by destroying the West. Russia's will is his command.

Trump-Fans werden es nie begreifen: Er ist und bleibt Russlands Marionette und Putins Papagei. Vor einigen Jahren überlebte

Trump wirtschaftlich nur mit russischem Geld ... und jetzt scheint er seine Dankbarkeit zu zeigen, indem er den Westen zerstört. Russlands Wille ist ihm Befehl.

7:30 vorm. · 5. März 2025

I forgot to mention that Trump is Elon Musk's puppet too. The millions Musk spent on Trump during the last campaign seem to be a good investment for that South African born guy, but not for the USA and not for the rest of the (by now free) world.

Ich vergaß zu erwähnen, dass Trump auch Elon Musks Marionette ist. Die Millionen, die Musk im letzten Wahlkampf für Trump ausgegeben hat, scheinen für den gebürtigen Südafrikaner eine gute Investition zu sein, aber nicht für die USA und nicht für den Rest der (mittlerweile freien) Welt.

8:26 vorm. · 5. März 2025

What do you expect? J.D. Vance seems unable to remember what he wrote in his own book. How can anybody think he knows anything about other countries and their history. ... Most of the times it's much better to shut up instead of showing a great lack of knowledge in public.

Was erwartest du denn? JD Vance scheint sich nicht mehr an sein eigenes Buch erinnern zu können. Wie kann irgendjemand glauben, er wüsste irgendetwas über andere Länder und deren Geschichte? ... Meistens ist es viel besser, den Mund zu halten, als öffentlich seinen Mangel an Wissen zur Schau zu stellen.

9:05 vorm. · 5. März 2025

Mark T. Esper: "Amerika's great advantage is its global network of allies and partners" (A Sacred Oath, page 107). Trump and his guys are working hard on the destruction of this network. That's weird ... if not crazy ... and dangerous.

Mark T. Esper: „Amerikas großer Vorteil ist sein globales Netzwerk an Verbündeten und Partnern" (A Sacred Oath, Seite 107). Trump und seine Leute arbeiten hart daran, dieses Netzwerk zu zerstören. Das ist seltsam ... wenn nicht verrückt ... und gefährlich.

1:14 nachm. · 5. März 2025

GOD's message to Trump: Sorry, I cannot answer your prayers in these days. I'm too busy trying to fix the problems you are causing all over the world. ... and btw.: Never try to tell me again what you think I have to do.

Gottes Botschaft an Trump: Tut mir leid, ich kann deine Gebete derzeit nicht beantworten. Ich bin zu sehr damit beschäftigt, die Probleme zu lösen, die du überall auf der Welt verursachst. ... und übrigens: Versuch nie wieder, mir zu sagen, was ich deiner Meinung nach tun muss do.

8:20 vorm. · 7. März 2025

Why does it seem as though many Christians in the United States have never heard or read anything about Christ? If so, why don't they act the way Jesus wants them to?

Warum scheint es, als hätten viele Christen in den Vereinigten Staaten noch nie etwas von Christus gehört oder gelesen? Wenn dem so ist, warum handeln sie dann nicht so, wie Jesus es von ihnen erwartet?

8:49 vorm. · 7. März 2025

You keep on discussing about Obama's birth certificate but made a felon president. How stupid is that? The US are losing all its international reputation and its allies and causes death all around the world by the orders of a president whose "success" is based on lies and fraud.

Sie diskutieren immer wieder über Obamas Geburtsurkunde, haben aber einen Verbrecher zum Präsidenten gemacht. Wie dumm ist das denn? Die USA verlieren ihren internationalen Ruf und ihre Verbündeten und verursachen weltweit Tote durch den Befehl eines Präsidenten, dessen „Erfolg" auf Lügen und Betrug beruht.

8:57 vorm. · 7. März 2025

If the USA leaves the NATO, it will lose its battlefield called Europe, far away from its own land. Maybe then Russia will take Alaska first. ... For Germany the US were ... and in a way still are ... occupying forces. They were not invited. It was a result of WW2.

Wenn die USA die NATO verlassen, verlieren sie ihr Schlachtfeld Europa, weit weg von ihrem eigenen Land. Vielleicht nimmt Russland dann zuerst Alaska ein. ... Für Deutschland waren die USA ... und sind es in gewisser Weise immer noch ... Besatzungsmächte. Sie wurden nicht eingeladen. Das war eine Folge des Zweiten Weltkriegs.

9:26 vorm. · 9. März 2025

In how many wars all around the world were US forces involved by now ... without the NATO and not for protecting other NATO members? It costs much if they wanna be a "world police". It's not the NATO that makes the American forces so expensive!

In wie vielen Kriegen weltweit waren US-Streitkräfte bereits beteiligt ... ohne die NATO und nicht zum Schutz anderer NATO-Mitglieder? Es kostet viel Geld, eine "Weltpolizei" zu sein. Es ist nicht die NATO, die die amerikanischen Streitkräfte so teuer macht!

9:52 vorm. · 9. März 2025

Trump's grandpa left Germany because he didn't want to join the army. He entered the USA based on lies. Later he returned to Germany, wanted to become a German citizen again. The Germans sent him back because he was telling lies again. You see: Telling lies is a family tradition.

Trumps Großvater verließ Deutschland, weil er nicht zur Armee wollte. Er reiste auf der Grundlage von Lügen in die USA ein. Später kehrte er nach Deutschland zurück und wollte wieder deutscher Staatsbürger werden. Die Deutschen schickten ihn zurück, weil er wieder log. Sie sehen: Lügen ist Familientradition.

10:35 vorm. · 9. März 2025

Did the Christians in the US realize that their translation of the Bible changed over the years. It seems as if it happened - and still happens - for to please rich people. Sometimes it only takes a few words to change the meaning of something very important.

Haben die Christen in den USA bemerkt, dass sich ihre Bibelüber-setzung im Laufe der Jahre verändert hat? Es scheint, als sei dies geschehen – und geschieht immer noch –, um reichen Leuten zu gefallen. Manchmal genügen nur wenige Worte, um die Bedeutung von etwas sehr Wichtigem zu verändern.

10:40 vorm. · 9. März 2025

Far right people like MAGA in the US and the AfD in Germany are "good" people, as long as they get what they want ... like results of elections and their opinion as the only one. If they don't get what they want they say that there's no democracy and no freedom of speech. Stupid!

Rechtsextreme wie MAGA in den USA und die AfD in Deutsch-land sind „gute" Menschen, solange sie bekommen, was sie wollen … wie Wahlergebnisse und ihre Meinung als die einzig gültige. Wenn sie nicht bekommen, was sie wollen, behaupten sie, es gäbe keine Demokratie und keine Meinungsfreiheit. Dumm!

3:24 nachm. · 10. März 2025

The American way of freedom of speech: Don't use the words Trump and his guys don't wanna hear and read anymore. Following the NYT the list of such words seems to be very long.

Der amerikanische Weg der Meinungsfreiheit: Verwenden Sie nicht die Wörter, die Trump und seine Leute nicht mehr hören und lesen wollen. Laut der New York Times scheint die Liste solcher Wörter sehr lang zu sein.

3:56 nachm. · 12. März 2025

So Elon Musk thinks there shouldn't be any empathy if you work for the federal government. It's just the opposite. You need much empathy for to improve the life of ALL citizens, including all the poor people. Without empathy you fill your own purse, but you don't do your job.

Elon Musk meint also, dass es im Dienst der Bundesregierung kein Mitgefühl geben sollte. Im Gegenteil. Man braucht viel Empathie, um das Leben ALLER Bürger zu verbessern, auch der Armen. Ohne Empathie füllt man zwar die eigene Tasche, erfüllt aber nicht seinen Job.
9:10 vorm. · 14. März 2025

You might become very rich without empathy, but you will never ever become a good leader of a country without empathy. A government isn't a company where only numbers and profit are important and not the well-being of the people.
Ohne Empathie kann man sehr reich werden, aber ohne Empathie wird man niemals ein guter Staatschef sein. Eine Regierung ist kein Unternehmen, in dem nur Zahlen und Profit zählen und nicht das Wohl der Bevölkerung.
1:10 nachm. · 15. März 2025

Elon Musk shouldn't be surprised that people hate him when he fires thousands of people. Tesla is the symbol on which they vent their anger. What results, however, isn't domestic terrorism, but material damage and sometimes arson. January 6, 2021 was domestic terrorism.
Elon Musk sollte sich nicht wundern, dass die Leute ihn hassen, wenn er Tausende von Menschen entlässt. Tesla ist das Symbol, an dem sie ihren Ärger auslassen. Die Folge ist jedoch kein Inlandsterrorismus, sondern Sachschaden und manchmal Brandstiftung. Der 6. Januar 2021 war Inlandsterrorismus.
9:12 vorm. · 19. März 2025

What the US Attorney General is now demonstrating is that the "law" depends on the individual and the president's goodwill. The guys who stormed the Capitol were released, while those who are "only" damaging Teslas are being labeled terrorists. Where is the equal treatment here?
Was der US-Generalstaatsanwalt nun demonstriert, ist, dass das „Gesetz" vom Einzelnen und dem guten Willen des Präsidenten abhängt. Die Männer, die das Kapitol stürmten, wurden

freigelassen, während diejenigen, die „nur" Teslas beschädigen, als Terroristen abgestempelt werden. Wo bleibt hier die Gleichbehandlung?
9:18 vorm. · 19. März 2025

Elon Musk didn't get it: Not "the democrats" are destroying Teslas, but people he drove crazy by his thuggery. Nobody is happy to lose a job ... or medical support. You cannot run a government like a company. Not the profit is (most) important but the well-being of ALL citizens!
Elon Musk hat es nicht begriffen: Nicht „die Demokraten" zerstören Teslas, sondern die Menschen, die er mit seiner Gewalttätigkeit in den Wahnsinn getrieben hat. Niemand freut sich, seinen Job zu verlieren ... oder seine medizinische Versorgung. Man kann eine Regierung nicht wie ein Unternehmen führen. Nicht der Profit ist (am wichtigsten), sondern das Wohl ALLER Bürger!
9:56 vorm. · 19. März 2025

Elon Musk isn't a victim. What happens now are the consequences of his own words and actions. But all his money makes him too blind to see it.
Elon Musk ist kein Opfer. Was jetzt passiert, sind die Konsequenzen seiner eigenen Worte und Taten. Doch sein ganzes Geld macht ihn zu blind, um das zu erkennen.
10:20 vorm. · 19. März 2025

You cannot force anybody to buy a Tesla. There are so many other brands ... which build even better cars.
Man kann niemanden zwingen, einen Tesla zu kaufen. Es gibt so viele andere Marken ... die noch bessere Autos bauen.
11:19 vorm. · 19. März 2025

Trump was a felon. Trump is a felon. Trump will always be a felon. He acts like a don. He misuses his power for personal revenge. Extortion is the main part of his "politics". He's worse than any African dictator. I'm counting the days until this nightmare will come to an end.

Trump war ein Schwerverbrecher. Trump ist ein Schwerverbre-
cher. Trump wird immer ein Schwerverbrecher bleiben. Er be-
nimmt sich wie ein Maffiaboss. Er missbraucht seine Macht für
persönliche Rache. Erpressung ist der Hauptbestandteil seiner „Po-
litik". Er ist schlimmer als jeder afrikanische Diktator. Ich zähle die
Tage, bis dieser Albtraum ein Ende hat.
7:33 vorm. · 22. März 2025

Someone who threatens to take territory from a partner
should not expect to win the Nobel Peace Prize, nor should
someone who wants to divide a country so that the invading
aggressor gets his way. It would be a shame if the Nobel Prize
Committee even gave it a second thought.
Wer damit droht, einem Partner Territorium abzunehmen, sollte
nicht erwarten, den Friedensnobelpreis zu gewinnen. Ebenso wenig
sollte jemand erwarten, der ein Land spalten will, damit der An-
greifer seinen Willen durchsetzt. Es wäre eine Schande, wenn das
Nobelpreiskomitee sich auch nur einen zweiten Gedanken darüber
machen würde.
8:35 vorm. · 24. März 2025

Democratic people - and I'm not talking parties - accept international borders and never talk about invading or annexing
other countries. Only dictators and tyrants try to expand their
countries ... like Putin in Ukraine ... like Trump when he talks
about Greenland and Canada.
Demokratische Menschen – und ich meine nicht Parteien – akzep-
tieren internationale Grenzen und sprechen nie davon, andere Län-
der zu erobern oder zu annektieren. Nur Diktatoren und Tyrannen
versuchen, ihre Länder zu erweitern … wie Putin in der Ukraine
… wie Trump, wenn er über Grönland und Kanada spricht.
10:51 vorm. · 26. März 2025

Only about 4.22 % of the world population are living in the
USA. Why do you think you can rule the whole world? You
are not better than others. You are not more intelligent than

others. But you are more arrogant and more ignorant and more destructive than others.

Nur etwa 4,22 % der Weltbevölkerung leben in den USA. Warum glauben Sie, Sie könnten die ganze Welt beherrschen? Sie sind nicht besser als andere. Sie sind nicht intelligenter als andere. Aber Sie sind arroganter, ignoranter und destruktiver als andere.

4:14 nachm. · 31. März 2025

The US doesn't need so much money to protect its NATO partners, but to be able to intervene in wars all over the world.

Die USA brauchen nicht so viel Geld, um ihre NATO-Partner zu schützen, sondern um in Kriege auf der ganzen Welt eingreifen zu können.

4:20 nachm. · 31. März 2025

Unabhängig davon, wie ich die Protestaktionen gegen Tesla bewerte: Die Leute richten sich gegen Elon Musk und nicht gegen die E-Mobilität. Die Marke Tesla und deren Vertriebskette sind die öffentlichkeitswirksam angreifbaren Symbole des Mannes, der durch sein Handeln provoziert.

9:25 vorm. · 1. Apr. 2025

There might be reasons why it's not possible to sell some products Made in USA in the EU. I'm quite sure that at least some of them are ignoring EU regulations.

Es mag Gründe geben, warum es nicht möglich ist, einige in den USA hergestellte Produkte in der EU zu verkaufen. Ich bin mir ziemlich sicher, dass zumindest einige von ihnen die EU-Vorschriften ignorieren.

3:04 nachm. · 3. Apr. 2025

Sometimes tariffs are important to protect the population from cheap, unhealthy, and dangerous junk. And now, dear USA, look at what you're trying to sell to the world before complaining.

Manchmal sind Zölle wichtig, um die Bevölkerung vor billigem, ungesundem und gefährlichem Schrott zu schützen. Und jetzt, liebe USA, schaut euch erst einmal an, was ihr der Welt verkaufen wollt, bevor ihr euch beschwert.
8:31 vorm. · 5. Apr. 2025

Did you ever think about that most cars Made in USA don't fit to the requirements of the customers in other countries ? They are too big an too thirsty. They are made for your roads and distances and parking spaces, but not for those in other countries.

Haben Sie schon einmal darüber nachgedacht, dass die meisten in den USA hergestellten Autos nicht den Anforderungen der Kunden in anderen Ländern entsprechen? Sie sind zu groß und zu sparsam. Sie sind für Ihre Straßen, Entfernungen und Parkplätze gemacht, aber nicht für die anderer Länder.
8:59 vorm. · 5. Apr. 2025

If tariffs are used to compensate the difference in production costs they are acceptable, but just as a kind of punishment they are wrong. Trump uses them as punishment. This might make shelves in US supermarkets quite empty. What if all the products Made in China disappear?

Wenn Zölle eingesetzt werden, um die unterschiedlichen Produktionskosten auszugleichen, sind sie akzeptabel, aber als Strafe sind sie falsch. Trump setzt sie als Strafe ein. Das könnte zu leeren Regalen in US-Supermärkten führen. Was wäre, wenn alle in China hergestellten Produkte verschwinden würden?
9:47 vorm. · 6. Apr. 2025

I'm quite sure that the "killing" of USAID will cause even more migration. Thank you very much DOGE, Trump and MAGA.

Ich bin mir ziemlich sicher, dass die „Tötung" von USAID zu noch mehr Migration führen wird. Vielen Dank, DOGE, Trump und MAGA.
9:57 vorm. · 6. Apr. 2025

If people from the USA are saying that the political situation in Europe is the same as in Russia, it shows, that they don't know anything about it. The more people believe in what the far right keep on telling without thinking, the more dangerous and hateful the world becomes.

Wenn Menschen aus den USA behaupten, die politische Situation in Europa sei die gleiche wie in Russland, zeigt das, dass sie nichts davon wissen. Je mehr Menschen gedankenlos glauben, was die extreme Rechte immer wieder behauptet, desto gefährlicher und hasserfüllter wird die Welt.

10:03 vorm. · 6. Apr. 2025

Each hour Trump spends at one of his resorts increases his (imagined) wealth and delivers free security to his very rich guests too ... all payed by taxpayers' money. Not to forget free advertising for his brand. He's the most expensive president the US ever had.

Jede Stunde, die Trump in einem seiner Resorts verbringt, steigert seinen (vermeintlichen) Reichtum und bietet seinen sehr reichen Gästen kostenlosen Sicherheitsdienst – alles finanziert mit Steuergeldern. Und natürlich die kostenlose Werbung für seine Marke. Er ist der teuerste Präsident, den die USA je hatten.

10:14 vorm. · 6. Apr. 2025

Keep the people as silly as possible and the money and power will be yours. That's the way of thinking of the far right leaders ... like Trump. That's why they keep on spreading lies and criminalize other opinions.

Haltet die Leute so dumm wie möglich, und ihr werdet Geld und Macht haben. So denken rechtsextreme Politiker wie Trump. Deshalb verbreiten sie weiterhin Lügen und kriminalisieren andere Meinungen.

10:32 vorm. · 6. Apr. 2025

Wie wär's mit einer Sammelklage gegen Trump wegen Vermögensschäden. Im Prinzip ist sein Zoll-Wahn für den

Absturz der Aktienkurse in den vergangenen Tagen verantwortlich.
1:35 vorm. · 7. Apr. 2025

If the people in the USA were satisfied with the stuff Made in
USA there wouldn't be the need to import that much.
*Wenn die Menschen in den USA mit den in den USA hergestellten
Produkten zufrieden wären, gäbe es nicht die Notwendigkeit, so viel
zu importieren.*
7:36 vorm. · 7. Apr. 2025

I'm glad that I had the chance to visit the USA several times
when it really was a free country ... without a president who
thinks he's the king and all the world has to follow his orders.
*Ich bin froh, dass ich die Möglichkeit hatte, die USA mehrmals zu
besuchen, als es noch ein wirklich freies Land war ... ohne einen
Präsidenten, der sich für den König hält und glaubt, die ganze Welt
müsse seinen Befehlen folgen.*
9:51 vorm. · 8. Apr. 2025

What many people don't understand is that their pension
might depend on the stock market. Maybe the'll realize it
when they don't get the money they're expecting. ... and this
is just one of the problems Trump caused all over the world.
*Was viele Menschen nicht verstehen, ist, dass ihre Rente möglich-
erweise vom Aktienmarkt abhängt. Vielleicht merken sie es erst,
wenn sie nicht das erwartete Geld bekommen. ... und das ist nur
eines der Probleme, die Trump weltweit verursacht hat.*
10:01 vorm. · 8. Apr. 2025

A first-class plane ticket from Washington, DC to Fort
Lauderdale and back costs less than $1,500. How much tax-
payer money do you think is wasted on this route for each of
Trump's super-rich guests? Why doesn't DOGE address this
real waste?
*Ein First-Class-Flugticket von Washington, D.C. nach Fort Lau-
derdale und zurück kostet weniger als 1.500 Dollar. Wie viel*

Steuergeld wird Ihrer Meinung nach auf dieser Strecke für jeden von Trumps superreichen Gästen verschwendet? Warum kümmert sich DOGE nicht um diese echte Verschwendung?
2:29 nachm. · 13. Apr. 2025

If Trump were really interested in saving taxpayer money, he'd spend his weekends at the White House instead of commuting between IAD/DCA and FLL in a "private" 747. ...and the DOGE boss should pay for his own flights. But the richest people in the world get everything for free.

Wenn Trump wirklich daran interessiert wäre, Steuergelder *zu sparen, würde er seine Wochenenden im Weißen Haus verbringen, anstatt in einer „privaten" Boeing 747 zwischen IAD/DCA und FLL zu pendeln. ...und der DOGE-Chef sollte seine Flüge selbst bezahlen. Aber die reichsten Menschen der Welt bekommen alles umsonst.*
2:39 nachm. · 13. Apr. 2025

This is how many people see the USA these days: U_nreliable S_tupidity A_ll around

So sehen viele Menschen die USA heutzutage: Unzuverlässige Dummheit Überall
9:49 vorm. · 15. Apr. 2025

KRIEG IN OSTEUROPA

Dem Krieg Russlands gegen die Ukraine, der in Russland nicht Krieg genannt werden darf und der ohne jegliche rationale Begründung von Putin losgetreten wurde, kann man derzeit nicht entgehen. Sollte man auch nicht. Und man sollte ihn auch nie vergessen.

May all the people who died because of Putin's decisions, commands and actions follow him in his dreams each and every night.
Mögen alle Menschen, die aufgrund von Putins Entscheidungen, Befehlen und Handlungen gestorben sind, ihm jede Nacht in seinen Träumen folgen.
10:51 vorm. · 25. Feb. 2022

Die Liste der Lügen, die von Putin und Lawrow in die Welt gesetzt werden, ist länger, als die Kolonne der Militärfahrzeuge, die in Richtung Kiew auf dem Weg ist.
10:02 vorm. · 3. März 2022

Wenn die russische Armee daran interessiert ist, als "heldenhaft" angesehen zu werden, dann muss sie die kriegerischen Handlungen in der Ukraine SOFORT einstellen. Es gibt nur eine Wahl: Helden oder Kriegsverbrecher. Aktuell schlägt das Pendel in Richtung Kriegsverbrecher aus.
10:06 vorm. · 3. März 2022

Mir dreht sich der Magen um, wenn Lawrow die Einhaltung von Menschenrechten und Pressefreiheit in anderen Ländern anmahnt. Er sollte sich mit offenen Augen die Zustände in seinem eigenen Land ansehen, bevor er solches von sich gibt!
10:11 vorm. · 3. März 2022

Putin und Lawrow sind eigentlich die größten Feiglinge, die es derzeit gibt, denn sie bringen nicht einmal den Mut auf,

ihrem Volk ehrlich zu sagen, was ihre Soldaten im Moment in der Ukraine anstellen, wie sie dort wüten.
9:43 vorm. · 11. März 2022

Jede Bombe, jede Rakete, jede Granate, jede Patrone, die in der Ukraine von Russen abgeschossen bzw. abgefeuert wird, ist "Dünger" für den Hass der ukrainischen Bevölkerung auf die russische Regierung und das russische Militär. Auch der Graben zum Rest der Welt wird immer tiefer.
9:48 vorm. · 11. März 2022

Putin wird wohl nicht als Erschaffer eines neuen russischen Großreichs in die Geschichte eingehen, wie er es sich anscheinend wünscht, sondern vielmehr als größter Kriegsverbrecher (mindestens) des 21. Jahrhunderts ... als russischer Hitler. Herzlichen Glückwunsch!
10:02 vorm. · 11. März 2022

Bombs are seeds of hate. The more bombs Putin's army drops, the more hate by the Ukrainian people they'll harvest now and later on. Benefit for Russia? NONE!
Bomben sind die Saat des Hasses. Je mehr Bomben Putins Armee abwirft, desto mehr Hass wird sie jetzt und später beim ukrainischen Volk ernten. Nutzen für Russland? KEINER!
11:53 vorm. · 12. März 2022

Im UN-Sicherheitsrat sollte schnellstens die Veto-Regelung abgeschafft werden, damit man endlich auch gegen (Noch-) Vetomächte nach einem Mehrheitsbeschluss eine Handhabe hätte. Es kann nicht sein, dass jemand wie Putin ungebremst und ungestraft im Nachbarland wüten kann.
6:51 nachm. · 20. März 2022

Das russische Volk verdient eine andere Regierung, als diesen Haufen von menschenverachtenden, brutalen, korrupten und verlogenen "Leuten" (Menschen sollte man diese Wesen

vor dem Hintergrund der von ihnen zu verantwortenden Handlungen in der Ukraine nicht mehr nennen).
9:10 vorm. · 23. März 2022

Dear Russian Soldiers! Are you proud of what you are doing in Ukraine? You should keep in mind that you are killing people and destroying cities because of lies and weird ideas of your leaders. Nothing you are doing is to protect Russian people. Do you wanna be war criminals?

Liebe russische Soldaten! Seid ihr stolz auf das, was ihr in der Ukraine tut? Ihr solltet nicht vergessen, dass ihr aufgrund der Lügen und verrückten Vorstellungen eurer Führer Menschen tötet und Städte zerstört. Nichts von dem, was ihr tut, dient dem Schutz des russischen Volkes. Wollt ihr Kriegsverbrecher sein?
9:02 vorm. · 5. Apr. 2022

Es ist schlimm, dass sich selbst ein russischer Kirchenführer an der Verbreitung der Lügen der Regierung beteiligt. Glauben eigentlich solche Leute - egal welcher Glaubensrichtung - ernsthaft, dass Gott ihr Fehlverhalten anders bewertet, als das eines "einfachen" Menschen?
9:10 vorm. · 5. Apr. 2022

Dear Russian Soldiers! What would you think and feel if your wives, mothers, sisters or other female relatives or friends were raped by foreign soldiers? You should think about this before you rape Ukrainian women! ... or don't you feel anything at all?

Liebe russische Soldaten! Was würdet ihr denken und fühlen, wenn eure Frauen, Mütter, Schwestern oder andere weibliche Verwandte oder Freundinnen von ausländischen Soldaten vergewaltigt würden? Ihr solltet darüber nachdenken, bevor ihr ukrainische Frauen vergewaltigt! ... oder fühlt ihr überhaupt nichts?
9:49 vorm. · 6. Apr. 2022

Might it be that each bullet that kills someone in Ukraine and each rocket that destroys a residential building fills Putin's and his friends' pockets? That could be one (weird) explanation why he doesn't end this brutal war.

Könnte es sein, dass jede Kugel, die in der Ukraine jemanden tötet, und jede Rakete, die ein Wohnhaus zerstört, die Taschen Putins und seiner Freunde füllt? Das könnte eine (seltsame) Erklärung dafür sein, warum er diesen brutalen Krieg nicht beendet.

6:27 nachm. · 24. Apr. 2022

Behated Mr. Putin, There's one very important thing you think about: If you wanna reach a goal, the goal should exist in real. If it doesn't exist, you can kill more and more people and destroy whatever you want, you'll never be able to reach it. Stop that unprovoked killing!

Verhasster Herr Putin, es gibt eine sehr wichtige Sache, über die Sie nachdenken sollten: Wenn Sie ein Ziel erreichen wollen, muss dieses Ziel real existieren. Wenn es nicht existiert, können Sie immer mehr Menschen töten und zerstören, was Sie wollen, Sie werden es nie erreichen. Hören Sie mit dem grundlosen Töten auf!

11:57 vorm. · 10. Juli 2022

Behated Mr. Putin, after all I read about you and your former employer it is very obvious that you are the reason for the bubbles in the Baltic Sea. Remember: All damages you do to the environment you do to Russia too! Climatic changes don't think about borders.

Verhasster Herr Putin, nach allem, was ich über Sie und Ihren ehemaligen Arbeitgeber gelesen habe, ist es ganz offensichtlich, dass Sie der Grund für die Blasen in der Ostsee sind. Denken Sie daran: Alle Schäden, die Sie der Umwelt zufügen, fügen Sie auch Russland zu! Der Klimawandel kennt keine Grenzen.

8:04 vorm. · 1. Okt. 2022

Behated Mr. Putin, it seems as you and your friends like to ruin everything that might offer a chance to be used by the next leaders of Russia for to repair the damages you did and are still doing to the international reputation of Russia.

Verhasster Herr Putin, es scheint, als würden Sie und Ihre Freunde alles ruinieren wollen, was den nächsten Führern Russlands eine Chance bieten könnte, den Schaden wiedergutzumachen, den Sie dem internationalen Ruf Russlands zugefügt haben und immer noch zufügen.
8:09 vorm. · 1. Okt. 2022

Behated Mr. Putin, think about this here: Each single step of Russian military on NATO territory will be a step closer to the end of the world ... including Russia. ... and nobody will be able to call you a hero ... never ever.
Verhasster Herr Putin, denken Sie einmal darüber nach: Jeder einzelne Schritt des russischen Militärs auf NATO-Gebiet bringt uns dem Ende der Welt einen Schritt näher ... auch dem Russlands. ... und niemand wird Sie einen Helden nennen können ... niemals.
8:53 vorm. · 1. Okt. 2022

What if at the beginning of a war the defenders destroy all personal belongings of the people who gave the command to start the killing (including bank accounts). Maybe it would end a war very soon if leading politicians get to know how it feels to lose everything by themselves.
Was wäre, wenn die Verteidiger zu Beginn eines Krieges sämtliche persönlichen Besitztümer der Personen zerstören würden, die den Befehl zum Töten gegeben haben (einschließlich Bankkonten). Vielleicht würde ein Krieg sehr schnell enden, wenn führende Politiker erfahren würden, wie es sich anfühlt, selbst alles zu verlieren.
10:11 vorm. · 20. März 2024

Worüber möchte man mit Putin verhandeln? Wie groß der Landgewinn durch seine Missachtung des Völkerrechts sein soll? Eigentlich dürfte man mit ihm nur nach Wegen suchen, wie er seine Truppen zurück nach Russland bekommt, ohne sein Gesicht zu verlieren.
8:09 vorm. · 12. Juni 2024

Man sollte nie vergessen: Putin ist und bleibt ein Geheimdienstler mit allen für diesen "Berufsstand" typischen Verhaltensmustern, und da spielen Völkerrecht und Menschenrechte keine Rolle.
8:27 vorm. · 12. Juni 2024

Behated Mr. Putin! Don't you remember that you are using Iranian weapon for to destroy Ukrainian buildings and infrastructure? You really wanna tell the Ukraine where they are "allowed" to use their weapon for to protect their people? Is there something more silly than that?
Verhasster Herr Putin! Erinnern Sie sich nicht daran, dass Sie iranische Waffen einsetzen, um ukrainische Gebäude und Infrastruktur zu zerstören? Sie wollen der Ukraine wirklich sagen, wo sie ihre Waffen zum Schutz ihrer Bevölkerung einsetzen „dürfen"? Gibt es etwas Dümmeres als das?
1:46 nachm. · 14. Sep. 2024

Wäre Putin ein "normaler Mensch" und nicht in dieser politischen Führungsrolle, in der er sich festgesetzt hat, dann wäre er mit seinen Phantasien, die er derzeit real umsetzt, schon längst in der geschlossenen Abteilung einer psychiatrischen Klinik gelandet.
8:41 vorm. · 14. Okt. 2024

Wie wäre es, wenn man Putin mitteilen würde, dass man der Ukraine für jedes Krankenhaus, jedes Kraftwerk, jede Schule, jeden Kindergarten und jedes Altenheim, das/die/den seine Armee trifft, 5 Taurus o.ä. einschließlich Programmierung militärischer Ziele zur Verfügung stellt?
7:53 vorm. · 16. Okt. 2024

Ergänzungen zum vorherigen Post. Vielleicht auch eine Idee für ein neues Buch ...

Wie wäre es, wenn man Putin mitteilen würde, dass man der Ukraine für jedes Krankenhaus, jedes Kraftwerk, jede Schule, jeden Kindergarten und jedes Altenheim, das/die/den seine Armee trifft, 5 Taurus o.ä. einschließlich Programmierung militärischer Ziele zur Verfügung stellt?

Wie wäre es, wenn man ihm sogar eine Liste der Ziele übergibt? Dann wüsste er genau, was seine Befehle auslösen würden, was auf ihn bzw. seine Armee zukommt, wenn er seinen Zerstörungswahn weiter ungebremst ausleben möchte ... nur nicht wann und in welcher Reihenfolge.

Wie wäre es, wenn seine privaten Besitztümer auch auf der Liste der Ziele stehen würden, denn ein solch mental kranker Staatenführer wird wahrscheinlich erst verstehen, was Krieg bedeutet, wenn dessen Konsequenzen ihn oder seine Familie direkt materiell betreffen.

Wie wäre es, wenn man all die Yachten der Putin-Unterstützer, die in westlichen Häfen liegen, beschlagnahmt und als Übungsziele verwenden würde? Die Videos der Einschläge sollte man anschließend veröffentlichen. Es wäre zwar eine riesige Verschwendung von Material, solche Schiffe zu versenken, aber eigentlich verhindert man damit nur, dass deren Nutzung weitere Umweltschäden verursacht.

Wie wäre es, wenn man auch die Immobilien der Putin-Unterstützer beschlagnahmt und diese dann Flüchtlingen aus der Ukraine zur Verfügung stellen würde. Man sollte dann natürlich die Zahl der zur Verfügung stehenden Zimmer effizient nutzen, und nicht nur einzelne Familien je übertrieben großer Wohnung unterbringen.

Ich denke, Kriege lassen sich schneller beenden, wenn diejenigen, die sie befohlen haben bzw. die, die solche Un-Menschen unterstützen, die, die für solche Massenmorde und Zerstörungen unter dem Deckmantel staatlicher Interessen verantwortlich sind, höchst persönlich spüren, wie es sich anfühlt, wenn das Eigentum auf die Kleidung, die man in diesem Moment trägt, reduziert wird, wenn man sich nicht in exklusive Bunker zurückziehen kann und irgendwann, wenn es genehm ist, vor dort ohne Verluste sein Leben im Überfluss fortsetzen kann, sondern froh sein kann, wenn man ein

solches Ereignis physisch gesund überlebt. Ob solche Leute sich über das nackte Überleben überhaupt freuen können, ist natürlich eine andere Frage, die aber, vor dem Hintergrund des Leids, dass ihre Handlungen ausgelöst haben bzw. immer weiter auslösen, vollkommen nebensächlich wäre.
9:01 vorm. · 16. Okt. 2024

Putin, der ausländische Soldaten und Waffen für seinen Eroberungszug einsetzt, meint, er könne denen, die ihr Land verteidigen, vorschreiben, welche Waffen sie zur Verteidigung einsetzten dürfen? Wenn nicht nach seinen Regeln gespielt wird, droht er mit Atomwaffen. Einfach krank!
9:07 vorm. · 20. Nov. 2024

Alle Hacker, die über etwas Empathie mit der Menschheit und unserer einzigen Erde verfügen, sollten die Befehlsstrukturen menschenverachtender Systeme, wie z.B dem Putins, schnellst möglich lahmlegen. Kein Mensch sollte wegen des Größenwahns solcher Spinner sterben müssen.
7:27 vorm. · 29. Nov. 2024

aus Alexej Nawalny "Patriot" , S. 514
„Russland muss die Ukraine in Ruhe lassen und ihr gestatten, sich so zu entwickeln, wie ihr Volk es will. Es muss die Aggression stoppen, den Krieg beenden und alle seine Soldaten aus der Ukraine zurückziehen. Die Fortsetzung dieses Krieges ist nur ein Wutanfall, geboren aus Machtlosigkeit, und ihm ein Ende zu setzen wäre ein starkes Zeichen."
9:08 vorm. · 23. Dez. 2024

Congratulations, behated Mr. Putin. Thanks to Trump, who wasn't asked to negotiate with you, you might gain vast lands and cities destroyed by your army on your orders. Hopefully these piles of ashes and rubble and the curses of many residents will haunt you for decades to come.
Herzlichen Glückwunsch, verhasster Herr Putin. Dank Trump, der nicht gebeten wurde, mit Ihnen zu verhandeln, könnten Sie riesige

Ländereien und Städte zurückgewinnen, die Ihre Armee auf Ihren Befehl hin zerstört hat. Hoffentlich werden Sie diese Asche- und Schutthaufen und die Flüche vieler Bewohner noch Jahrzehnte lang verfolgen.
8:49 vorm. · 14. Feb. 2025

Kein Krieg in der Welt nutzt irgendeinem Volk. Es sind immer nur verblendete Idioten, die Kriege beginnen, um es so in die Geschichtsbücher zu schaffen. Kriege kann man nicht gewinnen. Es gibt immer nur Verlierer, Tote, Trümmer und verseuchtes Land.
11:54 nachm. · 14. Feb. 2025

Wie wäre es, wenn irgendwelche Staaten mit Russland aushandeln würden, dass die USA Alaska abgeben müssten, und für diesen Dienst dann auch noch 50% der dortigen Bodenschätze verlangen würden. Das gäbe einen Aufschrei seitens MAGA.
1:37 nachm. · 15. Feb. 2025

Welche Länder wird Trump außer der Ukraine wohl noch auf seinen Geschenkgutschein für Putin schreiben?
7:58 vorm. · 20. Feb. 2025

Wenn Trump wirklich mächtig wäre, dann würde er Putin davon überzeugen, die Kämpfe einzustellen und seine Truppen aus der Ukraine abzuziehen. Putin ist derjenige, der Krieg möchte, kein Europäer und kein Ukrainer. ... und Trump verschenkt Europa an Putin, weil er von ihm abhängt.
7:28 vorm. · 3. März 2025

Where are all the Nazis in the Ukraine you are talking about in the US. You should fight against your own Nazis! It seems as if there are much more than enough.
Wo sind all die Nazis in der Ukraine, von denen du in den USA sprichst? Ihr solltet gegen eure eigenen Nazis kämpfen! Es scheint, als gäbe es mehr als genug davon.

Trump has no influence on Putin It's the other way round. Why should Putin listen to his greatest fan boy? ... and I'm sure that the Russian Secret Service knows too much about Trump and is only waiting for to use its knowledge against him.

Trump hat keinen Einfluss auf Putin. Es ist umgekehrt. Warum sollte Putin auf seinen größten Fanboy hören? ... und ich bin sicher, dass der russische Geheimdienst zu viel über Trump weiß und nur darauf wartet, sein Wissen gegen ihn einzusetzen.

7:55 vorm. · 3. März 2025

Remember: Russia invaded the Ukraine. The Ukraine is defending its country. Russia could end the war - which you are still not allowed to call a war in Russia - immediately, if Putin called his soldiers back home. He is responsible for all these dead people, not the defenders.

Denken Sie daran: Russland ist in die Ukraine einmarschiert. Die Ukraine verteidigt ihr Land. Russland könnte den Krieg – den man in Russland immer noch nicht als Krieg bezeichnen darf – sofort beenden, wenn Putin seine Soldaten zurückrufen würde. Er ist für all diese Toten verantwortlich, nicht die Verteidiger.

9:20 vorm. · 4. März 2025

Isn't it stupid trying to make e deal concerning natural resources with the Ukraine and then give the regions where most of them are to Russia? That's Trump's way to make deals: Never think about the time after next day's news. Just appear great for a very short time.

Ist es nicht dumm, mit der Ukraine einen Deal über Rohstoffe abzuschließen und dann die Regionen, in denen sich die meisten davon befinden, an Russland zu überlassen? So macht Trump eben Deals: Man denkt nie an die Zeit nach den Nachrichten vom nächsten Tag. Man tut einfach nur für kurze Zeit so, als wäre man großartig.

8:31 vorm. · 5. März 2025

Putin began the war in Ukraine because he wanted to fight Nazis. Trump, Vance and Musk prefer and keep on supporting Nazis in Europe. This is a kind of invitation for Putin to invade other European countries ... and so the "wannabe dictator" of the USA get rid of some critics.

Putin begann den Krieg in der Ukraine, weil er Nazis bekämpfen wollte. Trump, Vance und Musk bevorzugen und unterstützen weiterhin Nazis in Europa. Dies ist eine Art Einladung für Putin, in andere europäische Länder einzumarschieren ... und so wird der „Möchtegern-Diktator" der USA einige Kritiker los.
10:56 vorm. · 9. März 2025

MOBILITÄT

Zu diesem Kapitel wird später ein eigenes Buch erscheinen. Ich verzichte daher hier auf weitestgehend auf Anmerkungen zu den aus Twitter / X übernommenen Posts.

E-Autos: Wenn allein die Batteriemiete so hoch ist, wie die Leasingrate eines Kleinwagens, ist klar, wer von den Straßen verschwinden soll.
7:15 nachm. · 28. Aug. 2017

Es gibt eine Richtlinie, nach der 85 % der Pkw mit diesen Maßen auskommen sollen: Länge <= 4.74m, Breite o. Außenspiegel <=1.76m, Höhe <=1.51m, Wendekreis außen <= 5.85m. Gibt es noch Fahrzeugbauer, die das interessiert? #Irrsinnauf4Rädern
8:32 nachm. · 14. Sep. 2019

Ein Haus muss auf's Grundstück passen und einen Mindestabstand zur Grenze einhalten. Autos dürfen so gebaut werden, dass sie für vorhandene Stellplätzen zu groß sind. Da hat der Gesetzgeber wohl vergessen, einen Riegel vorzuschieben. #Irrsinnauf4Rädern
10:45 vorm. · 17. Sep. 2019

Kann es sein, dass Raser auf Autobahnen die Geschwindigkeitsbegrenzungen nicht sehen, weil die Zahlen auf den Schildern zu klein sind, um bei Tempo >200 km/h gelesen werden zu können? #Irrsinnauf4Rädern
10:48 vorm. · 17. Sep. 2019

These: Wenn die Autos nicht so unübersichtlich und übermotorisiert wären, könnte auf viele Assistenzsysteme verzichtet werden. Wenn ein Auto die Reaktions- und Aktionsfähigkeit eines durchschnittlichen Menschen überfordert, dann ist es #Irrsinnauf4Rädern
10:28 vorm. · 18. Sep. 2019

Autohersteller sollten verpflichtet werden, die Breite ihrer Produkte einschließlich Außenspiegel DEUTLICH anzugeben. Manches Auto kann sich als Fehlkauf herausstellen, weil es nicht durch das Garagentor passt. Ganz schön blöd. #Irrsinnauf4Rädern
10:31 vorm. · 18. Sep. 2019

BMW hat es geschafft: Auch der neue 1er ist jetzt breiter als das Bemessungsfahrzeug. Viel Spaß beim Einparken! #Irrsinnauf4Rädern
10:36 vorm. · 18. Sep. 2019

Heute in der Siegener Zeitung: Audi mit 600 PS und Porsche mit 680 PS. Solche Autos gehören - wenn überhaupt - auf eine Rennstrecke, aber ganz bestimmt nicht auf eine öffentliche Straße und in die Hände von Leuten ohne ausreichende Schulung! #Irrsinnauf4Rädern
9:32 vorm. · 1. Okt. 2019

BMW bewirbt seine Modelle mit dem englischen Artikel "The", den kaum ein Deutscher richtig aussprechen kann. VW und Audi werben ausgerechnet für die Modelle, die die meisten Kontroversen auslösen (SUVs). Leiden die Autohersteller unter totalem Realitätsverlust? #Irrsinnauf4Rädern
8:49 vorm. · 15. Nov. 2019

Warum dürfen nach den neuen EU-Regeln Hersteller schwerer Autos im Schnitt mehr CO_2 von ihren Kunden in die Luft blasen lassen? Kapieren die Regelmacher nicht, dass unserer Erde nicht relativ reagiert, sondern absolut? Die Folgen werden wir zu spüren bekommen. #Irrsinnauf4Rädern
11:49 vorm. · 24. Jan. 2020

#Irrsinnauf4Rädern heute in der Siegener Zeitung: Porsche Cayenne GTS 75m/s, 11.2l/100km, Mercedes E 63 S AMG 83.3m/s, 11.9l/100km. 1 Sekunde = Reaktionszeit! Das, und

ein 2-stelliger mittlerer Verbrauch zeigen, dass die Autoindustrie in D die Zeichen der Zeit nicht versteht.
8:40 vorm. · 22. Juli 2020

Heute in der Siegener Zeitung: "Laut Porsche soll der neue Panamera eine noch größere Bandbreite zwischen Sport und Komfort, Renn- und Langstrecke abdecken." Damit ist endgültig klar: Ein solches Auto ist nicht für öffentliche Straßen vorgesehen, also #Irrsinnauf4Rädern
8:54 vorm. · 8. Sep. 2020

Wenn die Automobilindustrie auf eigene Kosten Stellplätze für all die Fahrzeuge schaffen müsste, die eigentlich nicht in ein normales Parkhaus passen, würde sie schnell merken, warum Investoren sich an Größenvorgaben gültiger Verordnungen halten: Die Kosten! #Irrsinnauf4Rädern
9:13 vorm. · 11. Dez. 2020

Jetzt gibt es sogar schon einen "Rettungsgassenassistent". Wer es nicht selbst schafft, sein Fahrzeug im Stau an den Fahrbahnrand zu lenken, damit eine durchgängige Gasse für Rettungsfahrzeuge entsteht, der sollte eigentlich keinen Führerschein haben dürfen. #Irrsinnauf4Rädern
9:16 vorm. · 11. Dez. 2020

Es gab Zeiten, da hatte ein Ferrari 237 PS und beschleunigte von 0 auf 100 km/h in etwa 6.5 Sekunden. Heute ist es laut Tageszeitung "keine Beschleunigungsorgie", wenn ein Elektro-SUV 6.8 Sekunden mit seinen 286 PS benötigt. Welch ein #Irrsinnauf4Rädern !
9:06 vorm. · 12. Jan. 2021

#BMW M3 und M4: Beschleunigung von 0 auf 100km/h in 3.9 Sekunden, gegen Aufpreis Spitzentempo 290 km/h (=80.55 m/s), Verbrauch im Normzyklus ab 10.2 l/100km, 234 g/km CO_2. In welcher Welt leben die Entwickler von BMW? Das ist wieder reiner #Irrsinnauf4Rädern
9:06 vorm. · 14. Apr. 2021

Solange #BMW Autos baut, die im Durchschnitt über 10 l/100km verbrauchen, weit über 200g/km CO_2 in die Luft blasen und kaum in Parkhäuser passen, ist es #Irrsinnauf4Rädern. Da braucht man sich nicht damit zu rühmen, in China die Emissionen der Lieferketten reduzieren zu wollen.
9:17 vorm. · 4. Juni 2021

Herr Laschet hat gesagt, dass es unlogisch sei, wenn E-Autos, die keine CO_2-Emissionen verursachen, nicht schneller als 130 km/h fahren dürften. Schnell fahren=hoher Stromverbrauch=geringere Reichweite=Nachladen! Zeitgewinn durch rasen=0! Und Strom kommt aus der Steckdose ;-)
9:08 vorm. · 5. Juli 2021

Für was um alles in der Welt braucht ein E-Auto 523 PS und eine Beschleunigung von 4.6s von 0-100 km/h (BMW iX) ? 300 PS weniger wären bei dem heutigen Verkehr immer noch zuviel, würden sich aber bestimmt positiv auf die Reichweite auswirken. Wieder nur #Irrsinnauf4Rädern.
9:15 vorm. · 5. Juli 2021

Der #Irrsinnauf4Rädern geht weiter: Der Audi RS 3 mit 400 PS und einer Höchstgeschwindigkeit von bis zu 290 km/h (über 80 m pro Sekunde!) soll auf die öffentlichen Straßen losgelassen werden. Wann schiebt das @BMVI dieser Übermotorisierung endlich einen Riegel vor?
8:25 vorm. · 11. Aug. 2021

Wenn der Mensch es im Zuge der Evolution nicht mal geschafft hat, langfristige Entwicklungen richtig einzuschätzen, kommt er bestimmt nicht mit der extremen Beschleunigung des individuellen Straßenverkehrs klar. Er ist für Beschleunigungen von 3.9s für 0-100 km/h nicht gemacht.
8:30 vorm. · 11. Aug. 2021

Der neueste #Irrsinnauf4Rädern: VW Golf R Variant mit 320 PS, gegen Aufpreis 270 km/h Spitze, Beschleunigung 4.9s von

0-100km/h. Zum Vergleich: Golf GTI Jahrgang 1982: 110 PS, 182 km/h Spitze, Beschleunigung 9.4s. Zur Erinnerung: Es gibt ein riesiges Problem namens Klimawandel!
8:51 vorm. · 24. Aug. 2021

Noch ein #Irrsinnauf4Rädern: Audi Q5 Sportback 40 TDI quattro. Das Auto wiegt leer 1900kg. Diese Masse in Bewegung zu bringen und zu halten erfordert eine ganze Menge Energie. Diesen Klotz in 7.6s von 0-100 km/h zu beschleunigen ist absolut kein Beitrag zur CO_2-Reduktion.
8:56 vorm. · 24. Aug. 2021

Und ein weiterer #Irrsinnauf4Rädern: AMG GT Viertürer 63 S. Ein Plug-in-Hybrid mit einer elektrischen Reichweite von nur 12 km, dafür aber mit 843 PS, einer Höchstgeschwindigkeit von 316 km/h, 0-100 km/ in 2.9s. Ein solches Auto gehört nicht auf öffentliche Straßen!
11:22 vorm. · 7. Sep. 2021

Was bei der Diskussion um ein #Tempolimit auf Autobahnen immer vergessen wird: Die Entwurfsgeschwindigkeit für deutsche Autobahnen beträgt laut BMVI 130 km/h. Allein schon deshalb wäre dort zwingend eine Geschwindigkeitsbegrenzung erforderlich.
6:39 nachm. · 12. Apr. 2022

Ich hatte den Ampelparteien eine Variante für den Tankrabatt vorgeschlagen, mit der man einen sparsamen Umgang mit Treibstoff hätte belohnen können. Konkrete Rückmeldungen dazu gab es (natürlich) nicht. Jetzt sind wieder die Verschwender die Gewinner
10:22 vorm. · 2. Juni 2022

Ich wünschte mir, dass ein findiger Rechtsanwalt die Autobahnbetreiber verklagt, weil es kein Tempolimit auf Autobahnen gibt, die alle nur für 130 km/h entworfen und gebaut

sind. Vielleicht merkten dann @c_lindner und @Wissing, dass ein Tempolimit zwingend erforderlich ist!
2:08 nachm. · 14. Juni 2022

Nicht vergessen: Die Entwurfsgeschwindigkeit von Autobahnen beträgt laut BMVI 130 km/h. Allein deshalb ist ein Tempolimit nötig. Auf einem Gleis, dass für 130 km/h entworfen und gebaut ist, würde niemand zulassen wollen, dass ein ICE mit Tempo 300 km/h darüber rast.
8:21 vorm. · 16. Juni 2022

Wie ignorant darf man eigentlich als Autokonstrukteur sein? Dass Stellplätze eine Länge von 5.00m haben, blenden die Entwicklungsabteilungen wohl aus. Ob man den Kunden sagt, dass eine Breite von über 2.10m die linke Baustellenspuren auf Autobahnen tabu werden lässt? Wohl kaum.
1:52 nachm. · 22. Juni 2022

Wenn nur noch die privat genutzten Autos auf die Straße dürften, die vollständig bezahlt sind, würde es sehr leer auf Deutschlands Straßen, denn sehr viele der "gekauften" Pkws sind doch eigentlich nur gemietet ... besonders die sehr teuren Renn- und Saufwagen.
8:56 vorm. · 13. Juli 2022

Energieeffizienz hat nichts mit Klimaschutz zu tun! Beim Klimaschutz zählen absolute Werte. Der Irrsinn wird sehr deutlich, wenn man sieht, dass z.B. ein BMW iX in Effizienzklasse A+++ eingestuft ist. Die pure Größe zeigt, wie schädlich allein die verbaute Materialmenge ist.
11:51 vorm. · 10. Feb. 2023

Eigentlich können sich die Autoentwickler einen großen Teil der Verantwortung für den Klimawandel ans Bein binden, denn wären sie nicht auf den Rebound Effekt reingefallen, gäbe es jetzt kleinere, genialere und viel sparsamere Autos. Aktuell regiert die Materialverschwendung.

Vor dem Hintergrund einer wachsenden Elektromobilität und des von einigen Leuten ersehnten autonomen Fahrens ist es total unsinnig, dass es kein generelles Tempolimit auf deutschen Autobahnen gibt, mit dem man sich schon heute an die Geschwindigkeit der Zukunft gewöhnen könnte.

2:39 nachm. · 19. Feb. 2023

Eigentlich müsste sogar ein Verkehrsminister kapieren, dass ein Brennstoff, dessen Herstellung deutlich mehr Energie (u.a. Strom) frisst, als er später zu liefern in der Lage ist, in der heutigen Zeit nicht mehr tragbar ist. Dann besser den Strom ohne Umwege ins Auto!

8:32 vorm. · 1. März 2023

Laut einer ZDF-Sendung benötigt die Produktion eines Liters eFuel 27 kWh Strom. Ein E-Auto braucht danach im Schnitt 15kWh pro 100 km. Der kleinste Porsche verbrennt im günstigsten Fall 8,9l/100km = 240,3kWh Strom/100km für eFuel. Ein E-Auto schafft damit 1602km. Irrsinn eFuel!

10:25 nachm. · 3. März 2023

Wenn der Verkehrsminister nicht versteht, dass statt einem einzigen mit eFuel betankten Porsche 16 E-Autos mit derselben Strommenge 100km weit fahren können, dann scheint er ein Furchtbar Dummes Parteimitglied zu sein.

8:15 nachm. · 5. März 2023

Schweres E-Auto + sehr hohe Leistung + hohe Geschwindigkeit = enormer Stromverbrauch => reduzierte Reichweite, die dann durch noch größere und schwerere Batterien wieder vergrößert wird ... damit die Furchtbar Dummen Parteimitglieder weiter rasen können. Lernfähig? Nein

9:27 nachm. · 5. März 2023

Wenn man es schon nicht schafft, das vorhandene Straßennetz in einem brauchbaren Zustand zu erhalten, dann sollte man eigentlich keinen Gedanken daran verschwenden, zusätzliche Straßen zu bauen.

2:40 nachm. · 6. März 2023

Der Neubau von Autobahnen unsinnig, denn es wird nicht mehr lange dauern, dann kann sich ein großer Teil der Bevölkerung Fahrten über solche Verkehrswege nicht mehr leisten. Dann haben die Raser endlich freie Bahn, und die Industrie kann noch mehr Lagerfläche rollen lassen.

2:42 nachm. · 6. März 2023

Notwendig wäre der Bau von schnellen Transit-Bahnstrecken, damit die LKWs ohne Ziel in Deutschland von der Straße kämen. Das wäre ein wirklicher Beitrag zum Klimaschutz!

2:44 nachm. · 6. März 2023

Da werden von vielen Autoherstellern die kleinen und sparsamen Autos aus dem Programm genommen, und deren Gebrauchtwagenpreise gehen durch die Decke. Auch so kann man gegen den Klimawandel arbeiten ... und wenig betuchten Autofahrern alte Kisten völlig überteuert unterjubeln.

11:32 vorm. · 17. März 2023

Wann gibt es endlich regelmäßig wiederkehrende Eignungsprüfungen für Fahrer übermotorisierter und für den öffentl. Straßenverkehr viel zu schneller Kraftfahrzeuge? Der Mensch ist für die heute vielfach angebotenen Beschleunigungswerte und Höchstgeschwindigkeiten nicht gemacht.

2:03 nachm. · 18. Juni 2023

Wie bescheuert und ignorant ist das denn: Jetzt ist auch der 5er BMW länger als ein Stellplatz. Man verkauft seinen Kunden im eigenen Größenwahn bewusst Probleme. Was soll das?

Ein Vergleich: Länge BMW 5er Baujahr 1984 4.620mm. Länge BMW 5er Baujahr 2023 5.060mm. Länge Stellplatz nach Garagenverordnung 5.000mm. Welches Auto passt besser? 44cm länger bedeutet außerdem ganz grob PRO AUTO 79.200g mehr CO_2 und 132 kWh mehr Strom allein für mehr Baumaterial.

11:15 vorm. · 12. Juli 2023

Muss man sich wirklich wundern, dass sich E-Autos schlecht verkaufen, wenn überwiegend sauteure Riesenschiffe mit enormen Motorleistungen statt kleiner billiger sparsamer Fahrzeuge angeboten werden? Es ist die Konsequenz, wenn an der Lebensrealität der Meisten vorbeigeplant wird.

12:53 nachm. · 21. Apr. 2024

Warum kann man an Ladesäulen nicht schon längst ganz einfach wie an jeder Tankstelle und in jedem Supermarkt mit "Plastikgeld" + PIN bezahlen? Warum all diese Hürden mit Ladekarten und Apps? Auch so kann man Leute von der E-Mobilität fernhalten.

1:03 nachm. · 21. Apr. 2024

Eine Infrastruktureinrichtung wird nicht leistungsfähiger, weil Politiker es so wollen. Autobahnen sind für 130km/h entworfen. Deshalb ist ein Tempolimit zwingend erforderlich.

2:09 nachm. · 28. Apr. 2024

Manch Porschefahrer glaubt wohl, der Bordcomputer sei defekt, wenn er sieht, wieviel weniger Sprit sein Wagen bei Tempo 130km/h als bei 230km/h schluckt.

2:12 nachm. · 28. Apr. 2024

Man sollte Testfahrten der Automobilindustrie auf öffentlichen Straßen, insbesondere auf Autobahnen, verbieten, denn schließlich gefährdet man dort unbeteiligte Dritte, egal wie "qualifiziert" die Dienstraser sind. Testfahrten gehören auf Teststrecken.

9:56 vorm. · 5. Mai 2024

Noch so eine völlig von Sinn befreite Autoentwicklung: Die elektrische Mercedes G-Klasse. Muss man wirklich eine Masse von 3 Tonnen in unter 5 Sekunden auf 100 km/h beschleunigen können? So fährt man das Image von E-Autos so richtig und mit Wucht vor die Wand. Danke Mercedes!

2:18 nachm. · 7. Mai 2024

Macht sich eigentlich in den Entwicklungsabteilungen der Autohersteller niemand Gedanken über die mentale und physische Leistungsfähigkeit der Kundschaft? Grenzenloses Umsetzten des technisch Machbaren steht immer mehr über dem menschlich Beherrschbaren. Totaler Irrsinn!

2:44 nachm. · 7. Mai 2024

Das mit den Smart-Parkplätzen muss man durch den chinesischen Größenwahn jetzt wohl begraben, denn die neuen Produkte dieser Marke benötigen ja 2 der manchmal so beschriebenen Stellflächen. Man brauchte die Marke. Die Idee, die dahinterstand, spielte absolut keine Rolle.

9:07 vorm. · 13. Mai 2024

In der Fernsehwerbung des BMW i5 touring leuchtet nach Aktivierung des Autobahnassistenten 130km/h grün im Display. Eine Geschwindigkeitsbegrenzung! Automatisches Überholen nach einem Blick auf einer deutschen Autobahn mit 130km/h bei all den Rasern und LKWs? Kaum realistisch.

8:52 vorm. · 27. Mai 2024

Warum ist laden nicht so einfach wie tanken? Man stelle sich vor: Um Tanken zu können, müsste man einen Vertrag mit einem Ölkonzern abschließen, aus dem sich dann der Preis

ergibt, den man an der Zapfsäule bezahlen muss ... oder auch noch das Onlinepasswort für eine Kartenzahlung.
12:24 nachm. · 4. Aug. 2024

Heute gesehen: 50 Jahre Porsche 911 Turbo für 274.000€ mit 650 PS, in 2.7 s von 0 - 100km/h und max. 330km schnell. Zur Erinnerung die ursprünglichen Werte: Preis: 34.691€, 260 PS, 0-100km/h in 5.5 s, 250km/h. Damals schwer beherrschbar, heute nur mit viel Elektronik fahrbar.
10:35 vorm. · 26. Aug. 2024

Wenn ein Unternehmen sich Volkswagen nennt, und dann - rein preislich betrachtet - keine Wagen mehr baut, die sich ein Volk leisten kann, muss man sich nicht wundern, wenn die Verkaufszahlen nicht mehr passen. Nur: Gespart werden sollte zunächst bei den verantwortlichen Leuten!
8:22 vorm. · 5. Sep. 2024

Bei der ständig zunehmenden Größe von Autos argumentieren die Hersteller gerne mit den Anforderungen des Weltmarkts. Das kann aber für Motorleistung, Höchstgeschwindigkeit und Beschleunigung nicht gelten, denn bei den fast überall geltenden Tempolimits genügen max. 130km/h.
12:56 nachm. · 8. Sep. 2024

Gedanken zum "Niedergang" der Automobilindustrie, aktuell vor dem Hintergrund, dass VW bis zu 30.000 Stellen abbauen könnte:
Die arme Automobilindustrie. Wenn man sich darauf verlegt, wenige Reiche mit überdimensionierten Luxusautos zu bedienen – sei es schiere Größe oder Motorleistung -, weil man so rein betriebswirtschaftlich betrachtet die größten Margen erzielen kann, kann das rechnerisch richtig sein. Eine solche Firmenpolitik führt aber zwangsläufig zu einer (drastischen) Reduzierung der Belegschaft, denn um wenige teure Autos mit großem Gewinn herzustellen muss man nur wenige Beschäftigte vorhalten.

Möchte man auch weiterhin gegenüber der Politik mit Arbeitsplätzen drohen können, dann benötigt man zunächst hohe Mitarbeiterzahlen, die man allerdings nur halten kann, wenn man massenfähige Produkte herstellt, also in diesem Fall Autos, die wirtschaftlich produziert und zu Preisen auf den Markt gebracht werden können, die von einer möglichst großen Zahl potentieller Kunden auch bezahlt werden können. Die derzeit angebotenen Leasingmodelle helfen da nicht wirklich weiter, haben höchstens ein statistisches Potential zur Verschönerung der Verkaufszahlen, wobei man bei Leasing ja eigentlich nicht von Verkauf sprechen kann, denn schließlich ist es nur eine Vermietung.

Will man viele Autos günstig produzieren und sucht nach Einsparungsmöglichkeiten, dann sollte man vielleicht auch an deren Größe denken, denn viel Karosseriefläche benötigt auch viel Material und einen ebensolchen Energieeinsatz, angefangen beim Blech über Lack bis hin zu Verkleidungsstoffen im Innenraum, und schafft unnötig viel Gewicht, das in Bewegung gebracht und gehalten werden soll. Dass Einsparungen in diesem Bereich ganz nebenbei auch ein Beitrag zum Klimaschutz wären (das ganze verbaute Material muss schließlich aus Rohstoffen + Energie zunächst hergestellt werden), sei hier nur am Rand erwähnt. Kleinere - und damit leichtere – Autos benötigen auch weniger Betriebsmittel, egal, ob Benzin, Diesel oder Strom. Ein weiterer Vorteil für Kunden und Umwelt.

… und jetzt bitte nicht wieder mit „Kundenwünschen" oder „Weltmarkt" dagegen argumentieren. Die Automobilindustrie steuert die Nachfrage auch über Werbung, also könnten sich die ach so genialen Mitarbeiter der Werbeabteilungen auch hierzu etwas passendes einfallen lassen.

Also: Baut wieder kleinere bezahlbare Autos und jammert nicht ständig. Die wirtschaftliche Misere haben hauptsächlich Management, Produktentwickler und Werbeleute zu verantworten, nicht die Belegschaft in der Produktion, nicht die Kunden und auch nicht (allein) die Politik!

Audi bringt wieder ein Auto auf den Markt, dass mit einer Motorleistung von bis zu 925 PS im öffentlichen Straßenverkehr eigentlich nichts verloren hat. Der RS e-tron GT performance ist das, was die Übersetzung aus dem Französischen besagt: Ein "Kothaufen".
8:48 vorm. · 24. Sep. 2024

Warum sollte man dem Volkswagen-Konzern Steuergelder hinterherwerfen, wenn er es nicht schafft, seine Modellpalette so zu gestalten, dass sie den aktuellen Anforderungen genügt? Mit Rennwagen und riesigen Blechkisten lässt sich die individuelle Mobilität auf Dauer nicht sichern.
9:29 vorm. · 24. Sep. 2024

Wenn das Breitenwachstum neuer Automodelle immer mehr ausufert, dann sind zugeparkte Straßen die Konsequenz daraus, denn die lichte Breite von Garagentoren wächst nicht mit. Man kann sich natürlich das nächste Auto nach der Torbreite aussuchen, was die Auswahl aber begrenzt.
11:54 vorm. · 24. Sep. 2024

Eigentlich müssten Autohersteller (mit)haften, wenn Unfälle mit Autos passieren, deren Fahrleistungen einen durchschnittlichen Fahrer mental und physisch überfordern. Wenn jemand auf einer von mir entworfenen Treppe fällt, weil die Maße nicht stimmen, muss ich auch zahlen.
12:08 nachm. · 24. Sep. 2024

Der Smart #5 scheint ein völlig übermotorisiertes Entertainmentsystem zu sein, dass nun wirklich überhaupt nichts mehr mit der ursprünglichen Grundidee der Marke zu tun hat. Wie konnte sich Mercedes bloß dazu herablassen, sich an der Entwicklung dieses "Dings" zu beteiligen?
8:08 vorm. · 2. Okt. 2024

Eine Kaufprämie für E-Autos wird der deutschen Automobilindustrie nicht helfen, denn die hiesigen Unternehmen haben keine massentaugliche Modellpalette. Zu teuer!
10:34 vorm. · 22. Okt. 2024

Wenn jemandem mit viel Fahrpraxis auf dem Beifahrersitz eines #Tesla übel wird und ein anderer Mitfahrer später über Nackenschmerzen, verursacht durch die extremen Beschleunigungskräfte, klagt, zeigt das, dass Autoentwickler keine Rücksicht mehr auf das Menschenmögliche nehmen.
9:31 vorm. · 24. Okt. 2024

Die Entwurfsgeschwindigkeit von Autobahnen spricht für ein Tempolimit, wie auch eine Europäische Harmonisierung, das Ende des "Rasereitourismus", ein gleichmäßigerer Verkehrsfluss, die Reduzierung von Verbrauch, Schadstoffausstoß, Lärm, Feinstaub, und ... und ... und ...
11:10 vorm. · 31. Okt. 2024

Auch deutsche Autos könnten billiger werden, wenn sie nur für max. 130 km/h gebaut werden müssten. Ich gehe nicht davon aus, dass alle anderen Hersteller ihre Fahrzeuge für die deutsche Autobahnraserei auslegen. Da zählt wohl mehr der Weltmarkt ... mit Tempolimits.
9:46 vorm. · 27. Okt. 2024

Eigentlich komisch: Im Rennbetrieb müssen Kopf und Nacken geschützt werden. Auf öffentlichen Straßen ist das nicht erforderlich, obwohl manche Autos über Fahrleistungen verfügen, die deutlich über die von Rennwagen hinausgehen. Sehr gefährlich für Beifahrer und Hinterbänkler!
9:55 vorm. · 27. Okt. 2024

Ich würde mir nie ein Auto aus chinesischer Produktion kaufen, denn in meinem Hinterkopf steckt noch die im Rahmen einer Konferenz getätigte Aussage, dass vor einige Jahren

Bremsbelagskopien aus Kuhmist verkauft wurden. Optisch ok, aber nicht funktionsfähig und sehr gefährlich.
11:24 vorm. · 27. Okt. 2024

Welchen VW kann sich ein Durchschnittsverdiener heute überhaupt noch leisten? Die Entscheidung von VW weg von Volks-Wagen hin zu Modellen, die in Konkurrenz zu denen anderer Marken im eigenen Konzern stehen (auch und besonders im oberen Preissegment) konnte nicht gut ausgehen.
9:51 vorm. · 30. Okt. 2024

Aus der FR: "... So reicht der Strom einer Drei-Megawatt-Windkraftanlage dem Automobilklub zufolge für 1.600 Elektroautos, 600 Wasserstoff-Fahrzeuge und lediglich für 250 Fahrzeuge, die mit E-Fuels betrieben werden. ..."
9:16 vorm. · 30. Jan. 2025
Anscheinend ist für Manche nur ein Fahrzeug mit Auspuff, das laut brummt und möglichst auch noch stinkt ein Auto ... immer noch.
9:55 vorm. · 31. Jan. 2025

Wenn man bei der Bahn so "technologieoffen" gewesen wäre, wie es einige Leute in Bezug auf Autos fordern, dann würden heute noch Dampfloks im Regelverkehr fahren, denn schließlich waren deutsche Dampfloks Exportschlager.
8:34 vorm. · 14. Feb. 2025

Die Zuladung eines aktuellen Tesla Model 3 in der stärksten Version beträgt laut ADAC Autokatalog 333 kg, in der schwächeren 313 kg. Wenn man das beachtet, darf man damit keine 4 durchschnittlich schweren deutschen Männer transportieren. Ein wirklich geniales Auto ...
9:51 vorm. · 19. Feb. 2025

Da fragt man sich, wie manche Leute an ihren Führerschein gekommen sind. Sie erkennen keine Abbiegespuren und Beschleunigungsstreifen, kennen sogar die Bedeutung doppelt

durchgezogener Linien nicht. Wäre die Aufregung einiger Leute hier bei einem Motorroller eigentlich ähnlich?
7:27 vorm. · 21. Feb. 2025

Eigentlich komisch: Nur beim Auto wird auf Technologieoffenheit 'rumgeritten. Bei Telefon, Fernsehen, Computer spielt die doch auch keine Rolle. Telefonieren nur noch über Internet, Fernsehen nicht mehr über Antenne, und ältere Daten werden von aktueller Software nicht erkannt.
9:52 vorm. · 22. Feb. 2025

Tesla Cybertrucks are the biggest waste of resources and a danger to pedestrians driving on public roads. Such vehicles couldn't have been developed by a genius, but only by someone whose arrogance made him forget the world around him. Tesla Cybertrucks sind die größte Ressourcenverschwendung und eine Gefahr für Fußgänger auf öffentlichen Straßen. Solche Fahrzeuge können nicht von einem Genie entwickelt worden sein, sondern nur von jemandem, dessen Arroganz ihn die Welt um sich herum vergessen ließ.
8:41 vorm. · 24. März 2025

Der Nachweis notwendiger Stellplätze ist Bestandteil eines jeden Bauantrags. In jeder Landesbauordnung gibt es Abstandsflächenregelungen. Wenn jemand sich nicht an eine Genehmigung hält und erwischt wird, dann ist es ähnlich wie bei jeder Geschwindigkeitsüberschreitung.
10:16 vorm. · 26. März 2025

... und wenn man sich ein Auto kauft, das nicht durch's Garagentor passt, dann hat man - wie die Automobilindustrie es gerne tut - die Grenzen der gebauten Umwelt ignoriert. Persönliches Pech.
10:35 vorm. · 26. März 2025

As long as the US auto industry fails to produce cars that fit the European market, it can't expect sales in Europe to increase significantly. There's no need for pickup trucks that don't fit in parking spaces. Gasoline is too expensive for most people to waste on US-made cars.

Solange es der US-Autoindustrie nicht gelingt, Autos zu produzieren, die für den europäischen Markt geeignet sind, ist auch kein nennenswerter Absatzanstieg in Europa zu erwarten. Pickups, die nicht in Parklücken passen, sind nicht nötig. Benzin ist für die meisten Menschen zu teuer, um es für US-Autos auszugeben.

8:34 vorm. · 28. März 2025

VERSCHIEDENES

Kurz zur Diskussion um ein Interview: Anstand und Moral zeigen sich am Verhalten und sind nicht direkt proportional zum Kontostand ... und ein Fußballspiel endet erst mit dem Schlusspfiff. Also hat ein Reporter keine 90 Minuten Zeit, sich aktuelle Fragen zum Spiel zu überlegen.
10:13 vorm. · 2. Juni 2022

Wenn just an dem Tag, an dem die Pflegekasse mitteilt, dass es keine Pflegestufe gibt, ein Anruf einer Maklerin kommt, ob das Haus der betreffenden Person zu verkaufen sei, stellt sich doch die Frage nach einer möglichen Verbindung: Leistung verweigert = Finanzproblem = Verkauf
8:21 vorm. · 25. Juni 2022

Wenn bewusst Ausgetretene den kirchlichen Segen zur Eheschließung bekommen, verkommt die Kirche dann nicht zum "Eventveranstalter"? Wie soll jetzt ein Dorfpfarrer handeln, wenn eine Anfrage von "gewöhnlichen" Paaren eingeht? Nein geht kaum noch, wenn Obere Ja bei Promis sagen.
9:59 vorm. · 11. Juli 2022

Nachdem ich durch gendergerechte Sprache vom Paten zum "leichten Schlag" wurde, frage ich mich, ob sich Diverse tatsächlich durch einen Fremdkörper im Wort (:*_) und ein verbales Nichts mehr berücksichtigt fühlen. Sollten nicht Artikel und Grammatik genderfrei vereinfacht werden?
11:03 vorm. · 24. Juli 2022

Müssen die Hersteller von Feuerwerkskörpern eigentlich eine Haftpflichtversicherung für Personen-, Sach- und Umweltschäden haben, die durch Ihre "Waffensysteme" verursacht werden? Ein dickes Ding hatte ich schon gut 4 Stunden vor dem Jahreswechsel direkt vor der Haustür gefunden.
11:56 vorm. · 1. Jan. 2023

Wenn jemand dieses Teil (*Rest einer Silvesterrakete samt Stock*) auf den Kopf bekommen hätte, wäre der nächste Einsatz eines Rettungsdienstes gesichert gewesen. Denken die Hersteller solcher "Nachbarschaftskriegsgeräte" eigentlich darüber nach, was da als Müll vom Himmel fällt?

12:00 nachm. · 1. Jan. 2023

To all those who are killing in the "name of God": Did you ever realize, that Jews, Christians and Muslims believe in the same God? It's just in a different way by rules made by humans. Do you believe that God wants humans to kill humans in his name? Do you think He is so stupid?

An alle, die im „Namen Gottes" töten: Ist euch jemals bewusst geworden, dass Juden, Christen und Muslime an denselben Gott glauben? Nur auf unterschiedliche Weise, durch von Menschen gemachte Regeln. Glaubt ihr, dass Gott will, dass Menschen in seinem Namen andere Menschen töten? Denkt ihr, dass er so dumm ist?

2:51 nachm. · 9. Jan. 2023

Bevor man Hausbesitzer und Mieter mit immer neuen Auflagen zur Energieeinsparung finanziell in die Knie zwingt, sollte man lieber all den digitalen Unsinn verbieten, der völlig sinnbefreit Unmengen Strom frisst und Arbeitszeit vernichtet, wie z.B. Cookies, Spammails, Werbung ...

9:34 nachm. · 19. März 2023

Warum nicht eine CO2-Abgabe auf Spielekonsolen und Computerspiele? Deren Herstellung und Nutzung frisst auch jede Menge Energie und Rohstoffe. Maßnahmen gegen den Klimawandel werden nie wirklich Spaß machen, sind aber unbedingt notwendig ... jetzt, und nicht später.

10:02 vorm. · 20. März 2023

Wenn ganze Kraftwerke zum "Spielen" mit digitalen Währungen laufen müssen, kann man Gewinne aus solchen Spekulationen nicht hoch genug besteuern. Wer hier mitmacht, sollte das Wort Klimaschutz nie über seine Lippen kommen lassen.

10:08 vorm. · 20. März 2023

Es könnte wahrscheinlich sehr viel Energie und CO_2 eingespart werden, wenn dieser ganze #Werbemüll per Email nicht um die Welt ginge. Arbeitszeit kann auch sinnvoller eingesetzt werden, als ständig solche Emails löschen zu müssen ... auch wenn sie schon im Spameingang landen.

4:15 nachm. · 14. Apr. 2023

Es gibt immer noch Leute, die ihr Geld zum (Auto-) Fenster rausschmeißen. Die Pfanddose lag heute vor meinem Haus auf der Straße. Da lohnt sich das Aufheben.

10:37 nachm. · 5. Mai 2023

REWE verabschiedet sich vom Papierprospekt und schreibt, man spare damit 73.000 t Papier und 70.000 t CO_2. Ich glaube nicht, dass man bei dem CO_2-Wert die Erzeugung der notwendigen Strommenge berücksichtigt hat, die zur Verbreitung des Datenmülls benötigt wird.

11:41 vorm. · 4. Juni 2023

Wann kann man endlich die Softwareunternehmen für die Schäden haftbar machen, die sie mit ihren Programmen verursachen. Bei mir startet ein Laptop nach einem völlig überflüssigen und ungewollten Update nicht mehr. Den Verlust an Arbeitszeit ersetzt mir wieder niemand.

4:01 nachm. · 9. Juli 2023

Soll Sprache eigentlich als möglichst einfaches und unmissverständliches Medium der Kommunikation möglichst vieler Menschen dienen, oder ein Mittel der Selbstdarstellung und -verwirklichung sein?

8:42 vorm. · 2. Aug. 2023

Gestern wurde im Fernsehen die letzte Rechtschreibreform mit Gendern verglichen. Erstere sollte Vereinfachungen für die Allgemeinheit bewirken. Sonderzeichen- und Sprechpausen-Gendern macht Sprache auf der Basis "individueller Empfindlichkeiten" leider komplizierter.
8:50 vorm. · 2. Aug. 2023

Wenn man eine umfassende sprachliche Gleichstellung erreichen möchte, sollte man darüber nachdenken, wie man männliche und weibliche Formen auf eine einzige neutrale reduzieren kann (= ein Artikel, eine Endung). Eine solche Veränderung machte Deutsch nebenbei leichter erlernbar.
8:54 vorm. · 2. Aug. 2023

VORSICHT PROVOKATION:
Zur Blackfacing-Diskussion in Verbindung mit den Heiligen 3 Königen: Wir reden hier von der symbolischen Darstellung dreier gleichberechtigter Herrscher, nicht von 2 weißen Königen und einem „dunkel pigmentierten" Diener, wobei real keiner der drei Könige ein „Weißer" gewesen sein wird. Wenn man natürlich diesen Akt der Gleichstellung unterschiedlicher Hautfarben unter dem Vorwand des Blackfacings und des Rassismus aus der allgemeinen Wahrnehmung verbannen möchte, sollte man vielleicht darüber nachdenken, welcher Denkansatz der schlimmere ist. Soll danach vielleicht auch darüber gestritten werden, ob Mädchen männliche Könige darstellen dürfen, weil dies nicht genderkorrekt ist und mentale Spätfolgen bei den betroffenen Kindern auslösen könnte? Sollte man die Aktion des Kindermissionswerk ‚Die Sternsinger' dann nicht besser ganz aufgeben, damit sich kein Individuum irgendwo in irgendeiner Art davon negativ betroffen fühlt?
2:55 nachm. · 6. Jan. 2024

Vielen Dank an HP. Durch das Verfalldatum von Tintenpatronen und die Ignoranz des Plotters gegen die Einstellung, abgelaufene Patronen weiter zu verwenden, werfe ich jede

Menge Geld in den Müll. Auch die Umwelt bedankt sich. Ein ganz tolles Geschäftsmodell.

11:51 vorm. · 17. Feb. 2024

Ich durfte wieder eine zu 70% gefüllte Patronen meines HP-Plotters auswechseln, weil das Verfalldatum überschritten war. Es gibt zwar die Möglichkeit, die Betriebssoftware des Plotters zu „überstimmen", nur interessiert er sich nach dem nächsten Ausdruck nicht mehr für meine Eingabe.

I'm sure that many religious leaders will be very surprised when they end up in hell instead of paradise because they are following their own will and not the will of God or however they are calling him. They keep on misusing His name for increasing their own power.

Ich bin sicher, dass viele religiöse Führer sehr überrascht sein werden, wenn sie in der Hölle statt im Paradies landen, weil sie ihrem eigenen Willen folgen und nicht dem Willen Gottes oder wie auch immer sie ihn nennen. Sie missbrauchen seinen Namen weiterhin, um ihre eigene Macht zu vergrößern.

11:17 vorm. · 9. Mai 2024

gefunden in: Naomi Klein "Die Entscheidung Kapitalismus vs. Klima"

„Ich bin davon überzeugt, dass unser Volk eine radikale Revolution der Werte vornehmen muss, wenn es sich auf die richtige Seite der Weltrevolution stellen will. Wir müssen schnell damit anfangen, von einer „sachorientierten" zu einer „personenorientierten" Gesellschaft zu kommen. Wenn Maschinen und Computer, Profitbestrebungen und Eigentumsrechte für wichtiger gehalten werden als die Menschen, dann wird die schreckliche Allianz von Rassenwahn, Materialismus und Militarismus nicht mehr besiegt werden können."

- *Martin Luther King jr., „Jenseits von Vietnam", 1967*

11:07 vorm. · 19. Mai 2024

Gaza shows what happens if AI is used for warfare. Humans are just things like houses, but with a quite low value. It's a kind of forecast for what will happen all over the world in the future.

Gaza zeigt, was passiert, wenn KI für Kriegszwecke eingesetzt wird. Menschen sind nur Dinge wie Häuser, aber mit einem ziemlich geringen Wert. Es ist eine Art Vorhersage für das, was in Zukunft überall auf der Welt passieren wird.

11:04 vorm. · 29. Mai 2024

Die Führungsebene des BVB sollte sich ernsthaft fragen, wofür ein Rüstungskonzern "reichweitenstarke Werbeflächen" im Umfeld eines Fußballvereins benötigt. Kunden unter den Zuschauern wird er damit wohl kaum gewinnen können, aber Unmut von Fans provozieren. Keine gute Idee!

1:22 nachm. · 31. Mai 2024

Noch einen schönen Gruß an den Anrufer mit der Rufnummer 0041 4450 35738. Manchmal ist es besser, man hat aufgelegt, bevor man den zuvor Angerufenen bei einer anderen Person "negativ bewertet".

5:04 nachm. · 3. Juli 2024

Wenn die Islamisten, die sich ach so sehr auf den Koran berufen, konsequent wären, dann würden sie auf all die Erfindungen der "Ungläubigen" verzichten, wie z.B. Flugzeuge, Raketen, Autos, das Internet, Mobiltelefone ... Gläubig sind diese Typen in keiner Weise, nur brutal.

10:07 vorm. · 11. Sep. 2024

Ein paar "unqualifizierte" Gedanken zu Israel, Hamas und Hisbollah:

Es kann als unbestritten erachtet werden, dass das, was im Moment in Gaza und im Libanon geschiegt unmenschlich ist. Ein Vergleich mit den von den deutschen Nazi-Führern und deren Gefolgsleuten zu verantwortenden Handlungen vor und während des 2. Weltkriegs verbietet sich aber, denn die Nazis hatten sich die Ausrottung der Juden zum Ziel gesetzt. Die israelische Armee hingegen hat zum Ziel, eine ständige islamistische Terrorbedrohung ihres Volkes umfassend zu reduzieren, möglichst zu beenden, also ihr Volk zu schützen. Dass es im Rahmen der kriegerischen Auseinandersetzung zu so vielen zivilen Opfern kommt, ist nicht zu entschuldigen, hat aber auch Gründe, die nicht allein bei der israelischen Armee zu suchen sind. Ich kann mir nicht vorstellen, dass die israelische Regierung das Ziel ausgegeben hat, ganze Staaten zu vernichten, wie es der Iran mit Blick auf Israel immer wieder verkündet, und seine Handlanger – wie u.a. die Hamas und die Hisbollah – mit seiner permanenten Hassrhetorik zu Aktionen anstachelt, die niemandem in der Region wirklich nützen. Immer wieder sorgen die geistlichen iranischen Oberen ganz bewusst dafür, dass in einem Wespennest herumgestochert wird, damit ja keine Ruhe in der Region einkehren kann.

Der wesentliche Grund für die aktuellen israelischen Aktionen, auch wenn sie noch so überzogen erscheinen, liegt ein Jahr zurück, denn am 07. Oktober 2023 hat die Hamas mit ihrem Überfall auf Israel dafür gesorgt, dass die israelische Armee losgeschickt wurde, um eben jene Hamas zu vernichten. Seitens Hamas wurden damals keine militärischen Ziele angegriffen, sondern gezielt Zivilpersonen misshandelt, getötet und als Geiseln genommen, ein Verhalten, dass man in Verbindung mit einer Armee aufs Schärfste verurteilt hätte. Bemerkenswert ist in diesem Zusammenhang, dass ausgerechnet der damalige Führer der Hisbollah Kriegsverbrechen der israelischen Armee anzuprangern versuchte, von Selbstreflexion keine Spur.

Die Feigheit der Hamas und auch der Hisbollah gipfelt darin, dass sie aus Tunneln, die unter bewohnten Gebieten verlaufen, oder auch aus öffentlichen und privaten Gebäuden heraus agiert. Man nimmt so billigend in Kauf, dass es im Verlauf kriegerischer Auseinandersetzungen zwangsläufig zu einer hohen Zahl an zivilen Opfern kommt. Man versucht, die eigene Bevölkerung (und nicht nur die) oder auch Geiseln ganz bewusst als Schutz vor Bomben und Raketen einzusetzen. Man spekuliert darauf, dass humaner eingestellte Gegner in einem solchen Rahmen auf den Einsatz zerstörerischer Waffen weitestgehend verzichten. Wie mit Blick auf die Hisbollah deutlich wird, schreckt man nicht einmal davor zurück, selbst die Bewohner eines fremden Landes – hier des Libanon – für die eigenen Zwecke zu missbrauchen und zu opfern. „Blöd", dass im Moment eine Regierung in Israel an der Macht ist, deren moralische Hemmschwelle für den Einsatz von Waffen deutlich geringer ist, als in manchen vorhergehenden Jahren.

Nebenbei: Das Geld, dass für den Bau von Tunneln und die Anschaffung von Raketen und Munition bisher schon verschwendet wurde, hätte mit Sicherheit an anderen Stellen einen wesentlich höheren Beitrag zum Wohlergehen der eigenen Bevölkerung leisten können.

Verfolgte man Frieden als Ziel aller politischen Bemühungen, dann müssten Hasspredigten auf beiden Seiten in religiösen und weltlichen Einrichtungen endlich aufhören, denn wenn man Kindern von Geburt an Hass lehrt, kann man später kein friedliches Nebeneinander erwarten. Das gilt für israelische Siedler, die ihre Kommunen ohne jegliche Genehmigung auf fremdem Staatsgebiet errichten, und sich dann dort zu allem Überfluss wie die Axt im Walde benehmen, ausdrücklich auch!

Die Gewaltspirale könnte erst dann unterbrochen werden, wenn die radikalen Geistlichen endlich aufhören würden, Koran, Tora und Bibel so auszulegen, wie es ihrem weltlichen Größenwahn entspricht. Wenn man den Koran liest, wird man schnell feststellen, dass Moslems, Juden und Christen an denselben GOTT glauben, nur eben vor dem Hintergrund eigenen Erlebens etwas anders. Niemand kann also behaupten, dass Kriege untereinander von GOTT gewollt wären. ... und es ist wirklich gut, dass kein Mensch mit teilweise äußerst verquerten egoistischen Ansichten darüber zu bestimmen hat, wer ins „Paradies" kommt. Viele Gläubige werden sich wahrscheinlich noch wundern …

2:28 nachm. · 3. Okt. 2024

Die Leute, die meinen, mit fliegenden Flaschen und brennenden Reifen in Deutschland für Palästina demonstrieren zu müssen, erreichen damit das genaue Gegenteil von dem, was sie sich eigentlich zu wünschen scheinen, denn das Image der Palästinenser wird so leider immer negativer.

10:10 nachm. · 8. Okt. 2024

Durch die Auslagerung des Denkens vom eigenen Hirn ins Smartphone geht die Phantasie für Innovationen immer mehr verloren. KI wird diesen Vorgang weiter beschleunigen.

11:53 vorm. · 25. Okt. 2024

KI ist im Prinzip nur eine schnelle Suchmaschine mit ein paar zusätzlichen Verknüpfungen. Sie kann daher nur gestrige Lösungen liefern. Phantasie lässt sich nicht programmieren.

10:02 vorm. · 27. Okt. 2024

Alle Hacker, die über etwas Empathie mit der Menschheit und unserer einzigen Erde verfügen, sollten die Befehlsstrukturen menschenverachtender Systeme, wie z.B. dem Putins, schnellst möglich lahmlegen. Kein Mensch sollte wegen des Größenwahns solcher Spinner sterben müssen.

7:27 vorm. · 29. Nov. 2024

Es scheint so, als würden nur noch extrem reiche Leute mit narzisstischen Persönlichkeitsstörungen Staatenlenker werden, die in dieser globalen Welt ihre egoistischen, wirren und gefährlichen Ideen ausleben wollen. Solche Typen bringen die Menschheit immer dichter an den Abgrund.

10:02 vorm. · 29. Nov. 2024

It seems as if the most corrupt people are imperialists too. Just have a look at Putin, Trump and Musk.

Es scheint, als wären die korruptesten Menschen auch Imperialisten. Man denke nur an Putin, Trump und Musk.

War diese Übersetzung korrekt? Gib uns Feedback zur Verbesserung:

9:46 vorm. · 25. Dez. 2024

Warum sich noch über den Klimawandel aufregen? Trump, Musk und Vance fahren zusammen mit Putin und Xi die Erde doch sowieso kurzfristig mit Vollgas an die Wand.

9:55 vorm. · 8. Jan. 2025

Ein umgefallenes Windrad führt nicht zur Unbewohnbarkeit ausgedehnter Landstriche und Belastungen ganzer Kontinente, ein GAU in einem Kernkraftwerk schon.

9:41 vorm. · 22. Jan. 2025

Wenn die USA in ihrem aktuellen Zustand künstliche Intelligenz mit Inhalten füttern, dann hat die Welt zukünftig ein riesiges Problem, weil all die Lügen und riskanten Verdrehungen von Technik und Geschichte Grundlagen für Entscheidungen werden.

8:47 vorm. · 13. Feb. 2025

Wenn man heute nicht genug gegen den Klimawandel tut, als Konsequenz daraus der Golfstrom als "Fußbodenheizung" Europas ausfällt, dann werden sich Migrantenströme umdrehen. Nur: Welches Land wird dann so blöd sein, diese arroganten Nordhalbkugler aufzunehmen?

8:49 vorm. · 13. Feb. 2025

The world could be a peaceful place... without such deranged leaders as Trump and Putin and Xi and the spiritual leaders of Iran...

*Die Welt könnte ein friedlicher Ort sein ... ohne solch geistesge-
störte Führer wie Trump, Putin und Xi und die spirituellen Führer
des Iran ...*
8:25 vorm. · 14. Feb. 2025

Meine Mutter verbrachte ihre Kindheit während des 2. Weltkriegs. Ich hoffe sehr, dass ihr Leben nicht während eines 3.
Weltkriegs endet, der auf der Basis weiterer russischer - und
leider auch amerikanischer - Lügen begonnen wird.
9:46 vorm. · 18. Feb. 2025

Es ist schon sehr makaber, wenn Europa ausgerechnet am
Jahrestag von Nawalnys Tod von einem russischen Außen-
minister mangelnde Meinungsfreiheit vorgeworfen wird.
9:51 vorm. · 18. Feb. 2025

Die Energiemenge, die heute für Heizung nötig ist, wird lä-
cherlich gering sein im Vergleich zu der, die zukünftig für
Kühlung eingesetzt werden muss .. wobei Rechenzentren,
die u.a. dazu betrieben werden, den Menschen das Denken
abzunehmen, dabei nicht vergessen werden dürfen.
7:23 vorm. · 13. Feb. 2025

Die Wahrscheinlichkeit, dass uns die Welt in der nächsten
Zeit dank zweier größenwahnsinniger narzisstischer und
verlogener Staatenlenker um die Ohren fliegt, halte ich für
deutlich höher, als die eines Einschlags eines Asteroiden in
den nächsten paar Tausend Jahren.
11:50 vorm. · 20. Feb. 2025

Wenn ein narzisstischer und verlogener Immobilienmensch
und ein narzisstischer und verlogener Geheimdienstler gemeinsame Sache machen (mit großzügiger Unterstützung
durch Superreiche), kann es für den Rest der Weltbevölkerung nichts Gutes bedeuten.
9:13 vorm. · 21. Feb. 2025

Trump und Putin wollen wohl gemeinsam für eine deutliche Reduzierung der Weltbevölkerung sorgen: Putin mit Krieg und Hunger durch fehlende Lebensmittel, Trump durch die Behinderung medizinischer Versorgung. ... mit freundlicher Unterstützung von Elon Musk.
9:25 vorm. · 21. Feb. 2025

Wenn es um die Höhe der GEZ- Gebühren geht, sollte man die enormen Forderungen der Sportveranstalter nicht vergessen. Die Höhe einiger Gehälter ist im Vergleich dazu Kleinkram.
10:17 vorm. · 22. Feb. 2025

Wenn man die Posts hier bei X betrachtet, könnte man Begriffe wie Wahrheit, Empathie, Mitgefühl, Gerechtigkeit und viele andere, bei denen es um ein "gepflegtes Miteinander" geht, aus dem Duden löschen. Elon Musk hat einen besonders hohen Anteil an diesem Niedergang der Moral.
10:19 vorm. · 27. Feb. 2025

Wenn man den Koran -wenn auch in einer deutschen Übersetzung- liest, dann fallen einige "zeitliche Merkwürdigkeiten" und eine starke Vermenschlichung Gottes auf. Man scheint Ihm nicht viel zuzutrauen. Auffällig auch, dass einige Geschichten in Koran und Bibel sehr ähnlich sind.
10:49 vorm. · 9. März 2025

Woran erkennt man wahre Demokraten? Sie erkennen die Ergebnisse einer Wahl an, die alle legalen Vorgaben erfüllt hat. Wenn einem das Ergebnis dann nicht passt, ist das persönliches Pech. Gerichte aus purem Narzissmus zu beschäftigen, hält sie von ihren eigentlichen Aufgaben ab.
1:46 nachm. · 15. März 2025

Wäre die EU ein e.V., dann wäre Ungarn wahrscheinlich schon längst rausgeflogen.
1:58 nachm. · 15. März 2025

Wer das Vertrauen in einen demokratischen Staat und dessen Institutionen immer weiter untergräbt, muss sich nicht wundern, wenn dessen Gesellschaft daran zerbricht.
2:07 nachm. · 15. März 2025

Jedes Veto ist eigentlich undemokratisch, denn es dokumentiert, dass das pure Eigeninteresse über eine Mehrheitsentscheidung gestellt wird, egal, ob es im UN Sicherheitsrat, bei der EU oder wo auch immer eingelegt wird.
7:09 vorm. · 17. März 2025

Tax cuts ... backed by the EU money. What a great idea by Viktor Orban! But wait: Maybe the main purpose of that is to make women stay at home, don't have a job, don't have a chance to earn money ... don't pay income tax. So these tax cuts just cover an ancient kind of family!
Steuersenkungen ... unterstützt durch EU-Gelder. Was für eine großartige Idee von Viktor Orban! Aber Moment mal: Vielleicht ist der Hauptzweck dahinter, Frauen zu Hause zu halten, ihnen keine Arbeit zu geben, kein Geld zu verdienen ... sie von der Einkommenssteuer zu befreien. Diese Steuersenkungen betreffen also nur eine uralte Familienform!
7:56 vorm. · 17. März 2025

Was Viktor Orban mit seinem Steuergeschenk an Mütter wohl erreichen will: Frauen zurück an den Herd. ... und diese Arbeit dürfte auch in Ungarn so schlecht bezahlt werden, dass keine Einkommensteuer anfällt. Und wenn in Ungarn Geld fehlt, dann erwartet man von der EU eben mehr.
8:07 vorm. · 17. März 2025

It's really time to leave X. Too many right-wingers here have no problem with their own breaking the law. When they are convicted for it, the judges are always the bad guys, but never the right-wing lawbreakers. Democracy is destroyed by lawbreakers, not judges.

Es ist wirklich Zeit, X zu verlassen. Zu viele Rechte hier haben kein Problem damit, selbst gegen das Gesetz zu verstoßen. Wenn sie dafür verurteilt werden, sind immer die Richter die Bösen, aber nie die rechten Gesetzesbrecher. Die Demokratie wird von Gesetzesbrechern zerstört, nicht von Richtern.
11:47 vorm. · 1. Apr. 2025

Man sollte endlich die Ursachen der Migration bekämpfen, statt die Menschen, die ihren teilweise katastrophalen Lebensbedingungen zu entfliehen versuchen. Ohne z.B. konsequenten Klimaschutz werden sich die Wanderungsbewegungen von Süden nach Norden immer weiter verstärken.
10:26 vorm. · 19. März 2025

Eigentlich müsste Erdogan schleunigst wegen Korruption verhaftet werden. Mit einem Rechtsstaat hat die Türkei im Moment nichts zu tun.
12:57 nachm. · 23. März 2025

Wer sich immer wieder über den öffentlich-rechtlichen Rundfunk beschwert, sollte mal ernsthaft darüber nachdenken, welcher Unsinn und welche Unwahrheiten hier auf X ständig gepostet werden. Solch eine Menge kann der ÖRR während seiner Sendezeiten überhaupt nicht verbreiten.
8:48 vorm. · 24. März 2025

Zu einer freien Marktwirtschaft gehört es, die Geschäftspartner frei wählen zu können. Wenn Europa kein russisches Gas abnehmen möchte, dann haben die USA und Russland das zu akzeptieren. Drohungen auszusprechen zeigt nur, "wes Geistes Kind" die Führungen dieser Staaten sind.
8:46 vorm. · 27. März 2025

Vielen Dank an all die kriminellen Gestalten, die dafür verantwortlich sind, dass die Nutzung des Internets immer komplizierter und lästiger wird. Und vielen Dank an die

Firmen, die glauben, sie müssten ihr "berechtigtes Interesse" über das der Nutzer stellen. Ich bin's so leid.

10:46 vorm. · 27. März 2025

Das Schema ist immer gleich: Je weiter rechts eine politisch aktive Person ausgerichtet ist, desto lauter ist der Aufschrei, die Demokratie sei in Gefahr, wenn ein Fehlverhalten auf Basis bestehender Gesetze bestraft wird. Linke hingegen sind sowieso Verbrecher. Da ist es egal.

9:57 nachm. · 31. März 2025

Wenn auch Rechte nach einem Rechtsbruch erwischt und in einem Rechtsstaat nach geltendem Recht zu Recht verurteilt werden, ist nicht die Demokratie in Gefahr. Es zeigt vielmehr, dass die Justiz unabhängig und ohne Ansehen der Person Recht spricht.

9:18 vorm. · 1. Apr. 2025

Isn't the internet one reason for migration. If people in poor countries are always shown how great it is to live in the US or in Europe why shouldn't they try to go there? They need an improvement of their living conditions to make them stay at home and not more advertising.

Ist das Internet nicht ein Grund für Migration? Wenn Menschen in armen Ländern immer wieder gezeigt wird wie toll es ist, in den USA oder in Europa zu leben, warum sollten sie dann nicht versuchen, dorthin zu gehen? Sie brauchen eine Verbesserung ihrer Lebensbedingungen, um zu Hause zu bleiben, und nicht noch mehr Werbung.

9:55 vorm. · 6. Apr. 2025

Selbst wenn es keinen Klimawandel durch menschliches Tun gäbe, so bleiben fossile Brennstoffe und auch andere nicht nachwachsende Rohstoffe dennoch endlich. Was man jetzt ungebremst ausbeutet, fehlt allen künftigen Generationen ... vielleicht sogar die Luft zum Atmen.

10:38 vorm. · 6. Apr. 2025

ZUM SCHLUSS

Die hier veröffentlichten „Kurznachrichten" sind überwiegend sehr spontan entstanden. Vor- und Nachtexte zu einigen Posts dienen dazu, deren Auslöser grob zu vermitteln.

Übersetzungen habe ich nachträglich ergänzt. Mein Dank gilt https://translate.google.com für den Zeitgewinn, denn ohne dieses Online-Hilfsmittel hätte es deutlich länger gedauert, die Übersetzungen in den Text einzupflegen.

Ansonsten kann ich mich an dieser Stelle eigentlich nur bei den Menschen und Institutionen bedanken, die durch ihre öffentlichen bzw. veröffentlichten Aktionen und Aussagen dieses Buch überhaupt ermöglicht haben.

Ach so: Bedanken möchte ich mich auch noch bei Campino, der mich mit seinem Buch „Kästner, Kraftwerk, Cock Sparrer" erst auf die Idee gebracht hat, bereits Verwendetes in ein Buch zu packen.

Und besonders bedanken möchte ich mich an dieser Stelle noch bei den Lesern, die sich mein Buch besorgt und es bis an diese Stelle geschafft haben.

… und das ist jetzt wirklich das endgültige Ende meiner Aktivität auf „X", vormals Twitter.

QUELLEN

Deutschland

https://afd-brandenburg.de/regierungsprogramm-landtags-wahl-2024-wahlprogramm/

https://www.afd.de/wp-content/uplo-ads/2023/12/AfD_EW_Programm_2024.pdf

https://www.afd.de/wp-content/uploads/2023/05/Pro-gramm_AfD_Online_.pdf

USA

John Bolton
„The Room Where It Happened", Simon & Schuster, 2020

James Comey
„Größer als das Amt", Droemer Verlag, 2018

Michael D'Antonio
„The Truth About Trump", St. Martin's Press, 2016

Mark T. Esper
„A Sacred Oath", HarperVollins Publishers, 2022

Philip Gorski
„Am Scheideweg", Verlag Herder GmbH, 2020

David Cay Johnston
„Die Akte Trump", Ecowin Verlag, 2016

Bandy Lee
„The Dangerous Caes Of Donald Trump", St. Martin's Press, 2017

Omarosa Manigault Newman
„Unhinged", Simon & Schuster, 2018

John McCain
„The Restless Wave", Simon & Schuster, 2018

Rick Reilly
„Commander In Cheat", Hachette Books, 2019

Mary L. Trump
„Too Much and Never Enough", Simon & Schuster, 2020

J.D. Vance
„Hillbilly Elegy", HarperCollins, 2016

Stephanie Winston Wolkoff
„Melania and Me", Simon & Schuster, 2020

Michael Wolff
„Fire and Fury", Henry Holt and Company, 2018

Bob Woodward
„Fear", Simon & Schuster, 2018

Bob Woodward
„Rage", Simon & Schuster, 2020

Bob Woodward
„Krieg", Carl Hanser Verlag GmbH, 2024

Osteuropa

Catherine Belton
„Putins Netz", HarperCollins, 2022

Alexej Nawalny
„Patriot", S. Fischer Verlag, 2024

Verschiedenes

Naomi Klein
„Die Entscheidung Kapitalismus vs. Klima", S. Fischer Verlag GmbH, 2015

Kapitelübergreifend

American Psychiatric Association
„Diagnostic and Statistical Manual of Mental Disorders DSM-IV", American Psychiatric Association, 1994

American Psychiatric Association
„Diagnostisches und Statistisches Manual Psychischer Störungen DSM-V", Hogrefe Verlag GmbH & Co. KG, 2018

Siegener Zeitung